Luise Mühlbach

Napoleon in Deutschland

Luise Mühlbach

Napoleon in Deutschland

ISBN/EAN: 9783743340572

Hergestellt in Europa, USA, Kanada, Australien, Japan

Cover: Foto ©ninafisch / pixelio.de

Manufactured and distributed by brebook publishing software
(www.brebook.com)

Luise Mühlbach

Napoleon in Deutschland

Madame Camilla hatte mit sehr aufmerksamem und ernstem Gesicht jedes Wort ihrer Herrin belauscht, jetzt aber beeilte sie sich zu lächeln.

Ew. Durchlaucht, sagte sie, wenn wir noch zur Zeit der alten Götter lebten, so würde ich keinem Schmetterling und keinem Vogel, ja sogar keinem Goldstück trauen, denn hinter jedem Ding würde ich Herrn Jupiter vermuthen, der sich verkleidet hätte, um meine schöne Herrin zu überfallen.

Mariane lachte. Ach, wie gelehrt Sie sind, sagte sie, Sie haben sogar Reminiscenzen vom verkleideten Stier der Europa, und vom Goldregen der Danae. Aber fürchten Sie nichts, bei mir wird kein verkleideter Gott sich einschleichen, denn die Zeit der Götter und Heroen ist leider vorüber!

Diese übermüthigen Franzosen möchten freilich die Welt glauben machen, der Herr Bonaparte bringe uns diese Zeit wieder, sagte Madame Camilla mit dem Ausdruck der Verachtung, sie wollen uns einreden, der Advocatensohn von Corsika sei ein verspäteter und letzter Sohn Jupiters!

Oh, rief Mariane triumphirend, die Welt soll bald inne werden, daß er nur ein elender Erdensohn ist, und daß seine Unsterblichkeit auch Platz findet zwischen acht schwarzen Brettern. Ich weiß, Camilla, Sie hassen den Usurpator ebenso heiß, so glühend und so racheburstig, wie ich ihn hasse, und dieser Haß ist das sympathische Band, welches mich mit Ihnen vereint. Nun denn, ich sage Ihnen, Ihr Haß soll bald sein Genüge finden, und Ihr Racheburst soll gekühlt werden. Beten Sie, Camilla, daß Gott die Hand segne, welche sich gegen den Tyrannen erhebt, beten Sie, daß Gott den Dolch schärfe, der sich vielleicht bald gegen sein Herz zückt. Die Welt hat genug gelitten, es ist Zeit, daß ihr ein Rächer erstehe!

Der Herr Major von Brandt! meldete der eintretende Lakai.

Führen Sie den Herrn in den Salon, sagte Mariane rasch. Ich komme sogleich.

Sie warf noch einen letzten triumphirenden Blick in der Spiegel und verließ dann rasch das Toilettenzimmer.

Madame Camilla schaute ihr mit finsterm Grollen nach. Jetzt

weiß ich, wen ich benachrichtigen muß, murmelte sie. Es geht den französischen Commandanten an, ich muß nur genau aufmerken, daß ich noch mehr erlausche, und dem Herrn Franzosen recht viele und bedeutende Nachrichten bringen kann. Je besser die Nachrichten, desto besser das Geld.

Mariane war indessen in den Salon gegangen. Ein hochgewachsener ältlicher Herr in österreichischer Uniform, mit den Majors-Epauletten auf den Schulter, trat ihr entgegen, und neigte sich, um die Hand, die sie ihm darreichte, ehrfurchtsvoll an seine Lippen zu drücken.

Mariane begrüßte ihn mit einem bezaubernden Lächeln. Sie haben mich also ganz vergessen, Herr Major? fragte sie. Es bedurfte meiner Bitte, um Sie zu veranlassen, mein Hôtel einmal wieder zu betreten?

Ich wußte nicht, gnädigste Prinzessin, daß ich es noch wagen dürfe, vor Ihnen zu erscheinen, sagte der Major ehrfurchtsvoll. Als ich das letzte Mal die Ehre hatte, Ihnen meine Aufwartung zu machen, traf ich Ew. Durchlaucht im Kreise Ihrer angesehenen Freunde, die ich früher auch die meinen nennen durfte. Aber Niemand hatte für mich ein Wort der Begrüßung, ein freundliches Lächeln, und Ew. Durchlaucht selber schienen mich den ganzen Abend gar nicht zu bemerken. Jedesmal, wenn ich es wagen wollte, Ihnen zu nahen, wandten Sie Sich ab, und begannen mit irgend einem Nahestehenden ein so eifriges Gespräch, daß ich mich nicht unterfangen durfte, dasselbe zu unterbrechen. Ich zog mich also zurück, Schmerz und Verzweiflung im Herzen, denn ich glaubte die Gewißheit zu haben, daß Ew. Durchlaucht mich für immer aus Ihrem Salon verbannen wollte.

Und Sie trösteten sich über die Verbannung in dem Salon des französischen Commandanten, den der große Kaiser Napoleon der guten Stadt Wien gegeben, nicht wahr, so ist es? fragte die Prinzessin mit einem schalkhaften Lächeln. Und Sie wären niemals wieder zu mir gekommen, wenn ich nicht den kühnen Entschluß gefaßt hätte, Sie zu mir einzuladen?

Sie haben mich durch diese Einladung zu dem glücklichsten der Sterblichen gemacht, gnädigste Prinzessin, rief der Major emphatisch. Sie haben mir die Thore des Paradieses wieder geöffnet, während

ich in meiner Verzweiflung glaubte, daß dieselben mir für immer ge=
schlossen seien!

Gestehen Sie nur, Herr Major, lachte Mariane, daß Sie auch
nicht den geringsten Versuch machten, zu sehen, ob diese Pforten nur
angelehnt, oder ob sie wirklich verschlossen seien! Wie die Dinge jetzt
stehen, dürfen wir ganz ehrlich und offen mit einander reden. Sie
hielten mich für eine enragirte Patriotin, für eine jener wüthenden
Franzosenfeindinnen, denen Napoleon nicht der Held und der Genius,
sondern der Tyrann und der Usurpator ist. Sie glaubten, weil ich
mit Lord Paget und Herrn von Gentz, mit den Fürstinnen Carolath
und Clary, mit der Gräfin Colloredo und dem Grafen Cobenzl in
vielfacher und freundlicher Verbindung stand, so müßte auch meine Ge=
sinnung genau mit der ihrigen übereinstimmen?

Ja, Durchlaucht, in der That, das glaubte ich, sagte Major von
Brandt, und da sie die Wahrheit verlangen, nun denn, deshalb wagte
ich es nicht, wieder in Ihrem Salon zu erscheinen. Ich habe es niemals
verleugnet, daß ich zu den enthusiastischen Bewunderern dieses großen
Mannes gehöre, der jetzt mit hallendem Siegerschritt über die Welt
dahin schreitet, und sie sich unterthänig macht, weil Gott ihn dazu be=
stimmt hat, ihr Herr zu sein. Ich habe daher auch die Vermessenheit
Derer, welche unsern erlauchten und edlen Kaiser Franz zum Krieg
gegen den siegreichen Helden aufreizten, niemals begriffen, und ich segne,
als ein echter und aufrichtiger Patriot, jetzt die Fügungen des Schicksals,
welches uns zwingt, mit dem großen Napoleon Frieden zu machen,
denn nur im Frieden und in der Eintracht mit Frankreich wird das
Glück Oesterreichs wieder erstehen. Der Krieg gegen Frankreich hat
uns die Barbarenhorden Rußlands nach Deutschland gehetzt; nach ge=
schlossenem Frieden wird Frankreich uns behülflich sein, diese unsaubern
und unwillkommenen Gäste wieder aus Deutschland zu verjagen.

Mariane hatte ihm lächelnd zugehört, und mit dem Ausdruck voll=
kommenster Zufriedenheit. Nur einmal war ein flüchtiges Roth, wie
vom Aufwallen innern Zorns, über ihr Antlitz hingeflattert, nur einen
kurzen Moment legte sich ihre Stirn in düstere Falten, aber sie unter=
drückte diese Regung schnell, und erschien heiter und lächelnd wie zuvor.

Ich stimme Ihrer Meinung vollkommen bei, lieber Major, sagte sie mit einem anmuthigen Neigen ihres Hauptes.

Ew. Durchlaucht stimmen mir bei? rief der Major freudig erstaunt.

Zweifeln Sie noch daran? fragte sie. Habe ich es denn gemacht, wie alle meine Freunde, wie selbst Lord Paget und Gentz es gemacht haben? Bin ich entflohen, weil der Kaiser Napoleon mit seiner Armee seinen Siegerschritt hierher nach Wien gelenkt hat? Nein, ich bin geblieben, ihnen allen zum Entsetzen, ich bin geblieben, obwohl dieses Bleiben mich um zwei meiner theuersten Freunde gebracht, und mich auf immer mit Lord Paget und Herrn von Gentz entzweit hat. Ich bin geblieben, weil ich endlich der glühenden Sehnsucht meines Herzens nicht wiederstehen konnte, weil ich endlich den Helden von Angesicht zu Angesicht sehen wollte, den Helden vor dem die ganze Welt sich beugt! — Aber sehen Sie nur, da kommt mein Kammerdiener, um mir zu melden, daß mein Frühstück servirt ist. Sie müssen es sich heute schon gefallen lassen, mein Gast zu sein, und mit mir zu dejeuniren.

Sie nahm des Arm des Majors und ließ sich von ihm in den Speisesaal führen. Im der Mitte desselben war eine Tafel servirt, und herrliche Pasteten, glühende Südfrüchte und würzige Salamis dufteten von derselben dem angenehm überraschten Major entgegen, während aus den weißen Caraffen ihm goldener Rheinwein und der tiefdunkle Tokayer zu winken schien.

Auf elastischen, weichen Lehnstühlen nahmen sie an der Tafel Platz, und eine Zeitlang stockte die Unterhaltung, denn die Pasteten und die übrigen würzigen Speisen forderten ihr Recht und ihre Zeit. Der Major war ein leidenschaftlicher Verehrer der Tafelfreuden, und er genoß dieselben mit dem tiefsinnigen Nachdenken und der unerschütterlichen Ruhe eines Weisen. — Die Prinzessin würzte ihm außerdem den Genuß durch ihre von Geist und Laune sprühende Unterhaltung; sie war unerschöpflich an pikanten Anecdoten, an heiterm Witz, sie wußte mit seltener Meisterhand von den Freunden und Bekannten Portraits zu entwerfen, von denen man nicht wußte, ob man mehr die frappante Aehnlichkeit, oder die boshafte und sanglante Characteristik bewundern sollte.

Als man zum Desert gelangt war, winkte die Prinzessin den Valaien den Saal zu verlassen, und sie blieb jetzt allein mit dem Major. Mit eigener hoher Hand schenkte sie ihm selbst von dem duftenden Syrakuserwein ein, und bat ihn das Glas zu leeren auf das Wohl des großen Napoleon.

Und Ew. Durchlaucht wollen mir nicht die Ehre erzeigen, mit mir anzustoßen? fragte der Major, auf das leere Glas der Prinzessin deutend.

Sie schüttelte lächelnd ihr Haupt. Ich trinke niemals Wein, sagte sie, der Wein ist für mich wie ein Zauberer, der plötzlich die Maske von meinem Antlitz fortreißt, und meine Lippen zwingt, die Wahrheit zu sprechen, welche sie sonst vielleicht immer verschweigen würden. Aber dies Mal will ich doch eine Ausnahme machen, dies Mal will ich mein Glas füllen, denn es gilt auf das Wohl des großen Kaisers anzustoßen. Schenken Sie mir ein, und jetzt stoßen wir an und rufen: es lebe Napoleon der Große!

Sie trank von dem glühenden Südwein, und ihr Wort erfüllte sich. Der Wein nahm die Maske von ihrem Angesicht, und löste das Band ihrer Zunge.

Ihre Augen glänzten jetzt im Feuer der Begeisterung, und wie ein Strom der glühendsten Poesie floß das entzückte Lob Napoleons von ihren purpurnen Lippen.

Sie war wunderschön in ihrer schwärmerischen Gluth, mit der flammenden Röthe auf den Wangen, mit den feuerblitzenden Augen und den zuckenden Lippen, deren süßes Lächeln zwei Reihen perlenweißer Zähne sichtbar werden ließ.

Oh, rief der Major, ganz bezaubert von ihrem Anblick, warum ist der große Kaiser nicht hier, warum hört er nicht Ihre bezaubernden Worte, warum ist es ihm nicht vergönnt, Sie in Ihrer strahlenden Schönheit bewundern zu können!

Warum ist es mir nicht vergönnt, zu ihm zu eilen, um zu seinen Füßen niederzusinken, und ihn anzubeten! rief Mariane begeistert. Warum darf ich nicht eine selige Stunde des Glücks vor ihm auf meinen Knieen liegen, um mit meinen glühenden Thränen den Haß, der früher meine Seele gegen ihm erfüllte, abzubitten, und ihm zu bekennen, daß mein Haß sich in grenzenlose Liebe, in glühende Anbetung verwandelt hat! Mein Gott, mein Gott, wo finde ich den Freund, der sich meiner Sehnsucht erbarmt, der mir die Wege bahnt, welche zu ihm geleiten. Ich würde einem solchen Freund jede Minute meines Glückes, jede Minute, die ich in der Nähe des großen Kaisers zubringen dürfte, mit einem Goldstück belohnen.

Sprechen Sie im Ernst, Durchlaucht? fragte der Major ernst, fast feierlich.

Im vollen, heiligen Ernst, betheuerte Mariane. Ein Goldstück für jede Minute eines Rendezvous mit dem Kaiser Napoleon.

Nun denn, sagte der Major freudig, ich werde Ihnen dieses Rendezvous verschaffen, Durchlaucht, und Ihre Schönheit und bezau= bernde Anmuth wird machen, daß der Kaiser nicht die Minuten, nicht die Stunden zählt, sondern daß nur ich der Glückliche bin, welcher die Stunden nach Minuten zu berechnen hat.

Nicht nach Minuten, sondern nach Goldstücken, rief Mariane, deren Antlitz strahlte von Glück und Lust. Oh, Sie sehen mich zwei= felnd an. Sie glauben ich spreche nur im Scherz, und ich werde im Ernst nicht halten, was ich versprochen habe?

Gnädigste Prinzessin, ich glaube, daß der Enthusiasmus Sie hin= gerissen hat zu einem Versprechen, welches anzunehmen ein Mißbrauch Ihrer Großmuth wäre. Wenn der Kaiser, gefesselt von Ihrem Geist, Ihrer Schönheit, Ihrer hinreißenden Unterhaltung, zum Beispiel nun vier Stunden in Ihrer Gesellschaft verweilte, so wäre es schon eine hübsche Anzahl von Goldstücken für mich.

Mariane nahm statt aller Antwort die silberne Klingel und schellte.

Papier, Feder, Dinte, ein brennendes Licht und Siegellack, befahl sie dem eintretenden Kammerdiener. In wenigen Minuten war Alles herbeigeschafft, und Mariane schrieb hastig einige Zeilen. Dann zog sie den Siegelring von ihrem Finger und drückte ihr Siegel unter das Papier, welches sie alsdann dem Major darreichte.

Lesen Sie laut! sagte sie.

Der Major las: Ich Endesunterzeichnete verspreche dem Major von Brandt, daß, wenn derselbe mir eine Audienz bei dem Kaiser Napoleon verschafft, ich ihm für jede Minute, welche diese Audienz dauern wird, einen Louisd'or als Zeichen meiner Dankbarkeit zahlen werde.

Mariane, Prinzessin von Eybenberg.

Sind Sie zufrieden und überzeugt? fragte die Prinzessin.

Ich bin es, Durchlaucht!

Und Sie wollen und können mir diese Audienz verschaffen?

Ich will und kann es!

Wann werden Sie mich also nach Schönbrunn geleiten?

Der Major besann sich eine Zeit lang und schien zu überlegen und zu berechnen. Ich hoffe, daß ich Ew. Durchlaucht schon morgen Abend eine Zusammenkunft mit dem Kaiser verschaffen kann, sagte er. Ich bin ziemlich befreundet mit dem Palastpräsidenten Herrn von Bausset, und kenne auch den Kammerdiener Constant ziemlich genau. Das sind die beiden Canäle, durch welche der Wunsch Eurer Durchlaucht sehr leicht bis zu dem Kaiser gelangen wird, und da Se. Majestät ein großer Bewunderer weiblicher Schönheit ist, so wird er sicherlich freudig bereit sein, die erbetene Audienz Ew. Durchlaucht zu bewilligen.

Werden Sie mir heute noch bestimmte Nachricht bringen? fragte Mariane.

Ja, Prinzessin, heute noch! Ich werde sogleich nach Schönbrunn fahren. Der Kaiser ist seit gestern Abend dort.

So eilen Sie, sagte Mariane, sich von ihrem Sitz erhebend. Eilen Sie nach Schönbrunn und bedenken Sie, daß ich Ihre Wieder=kehr mit zitternder Ungeduld und Sehnsucht erwarte!

Sie reichte dem Major ihre Hand dar. Mein Gott, Durchlaucht, rief er erschrocken, Ihre Hand ist kalt wie Marmor.

All mein Blut ist da! sagte sie, auf ihr Herz deutend. Eilen Sie nach Schönbrunn!

Er drückte einen Kuß auf ihre Hand und verabschiedete sich.

Mariane sah ihm lächelnd nach, bis die Thür sich hinter ihm schloß. Dann veränderten sich ihre Züge und ein Ausdruck des Ab=scheus und der Verachtung sprach aus ihnen.

Oh, diese elende Menschenrace, diese käuflichen Seelen, murmelte sie. Sie bemessen Alles nach ihrem Maßstab, und verstehen nicht, was eine große Seele will und wünscht. Fluch allen Denen, welche ihr Vaterland verrathen und zu seinen Feinden sich bekehren können. Der Zorn Gottes und die Verachtung der Menschen möge sie strafen! Mir aber sollen die Verräther als Werkzeug dienen, damit ich durch sie das heilige Werk vollende, welches das Unglück Deutschlands mir auferlegt hat. Ich will mein Haus bestellen, damit ich bereit bin, wenn die Stunde gekommen ist! —

Madame Camilla hatte wohl Recht: es ging in der That etwas vor und sie hatte wichtige Nachrichten für den französischen Commandanten einzusammeln.

Die Prinzessin Eybenberg war seit ihrer Unterredung mit dem Major in einer fieberhaften Erregung und Ungeduld, welche sie ruhelos durch alle Zimmer trieb. Endlich gegen Abend kam der Major wieder, und die Nachrichten, die er gebracht hatte, mußten sehr erfreulicher Art gewesen sein, denn das Antlitz der Prinzessin war seitdem freudestrahlend und ein wundersames Lächeln umspielte ihre Lippen.

Die ganze folgende Nacht war sie mit Schreiben beschäftigt und Madame Camilla, so wie die Kammerfrau harrten vergeblich auf den Ruf ihrer Herrin; die Prinzessin verließ gar nicht ihr Cabinet und ging gar nicht zu Bett. In der Frühe des nächsten Morgens fuhr sie aus, und Madame Camilla, welche die Prinzessin sonst immer auf ihren Fahrten begleiten mußte, erhielt die Weisung, zu bleiben. Als Mariane nach einigen Stunden wiederkehrte, war sie bleich und erschöpft und man sah es ihren Augen an, daß sie geweint hatten. Alsdann kamen Beamte des Gerichts, welche die Prinzessin zu sprechen begehrten, indem sie sagten, daß sie von derselben befohlen seien. Die Prinzessin schloß sich mit ihnen in ihrem Cabinet ein, und erst nach einigen Stunden zogen sich die Gerichtsbeamten wieder zurück. — Bei dem Diner, zu dem die Prinzessin gar keine Gäste hatte zulassen wollen, berührte sie kaum die Speisen und schien in tiefe Gedanken versenkt.

Bald nach der Tafel begab sie sich in ihr Toilettenzimmer, und nie war sie in der Wahl ihres Anzugs so zweifelhaft und sorgsam gewesen, als eben heute, nie hatte sie ihre Toilette mit solcher Aufmerksamkeit und Genauigkeit überwacht. Endlich war das Werk vollendet und strahlend schön war die Prinzessin anzuschauen, in diesem purpurrothen Sammetgewande, das in einer langen Schleppe hinter ihr her rauschte und das unter dem vollen, nur halb mit goldburchwirkten Spitzen verhüllten Busen von einem breiten, goldenen Gürtel zusammengehalten ward. Ihr Haar, das in einigen leichten, schwarzen Ringellocken à la Josephine ihre breite, griechische Stirn umrahmte, war in einem griechischen Knoten zusammengefaßt, aus dem lange Trauben von Perlen und Brillanten hervorquollen. Ein ähnlicher Schmuck umgab ihren stolzen Hals und die herrlich geformten schneeweißen Arme. Ihre Wangen waren heute von durchsichtiger Blässe, und in ihren großen schwarzen Augen glühte ein düsteres, unheilvolles Feuer.

Schön war sie anzuschauen, stolz und unheilsvoll wie Judith, welche sich geschmückt hat, um in das Zelt des Holofernes zu gehen. Und daran dachte Madame Camilla, als sie jetzt die Prinzessin in dieser stolzen Schönheit, mit diesem strengen feierlichen Ausdruck ihres Angesichts durch das Zimmer dahin schreiten sah. Daran dachte Madame Camilla, als sie sah, wie die Prinzessin jetzt aus einem Kästchen, das ihre Gesellschaftsdame sonst nie bei ihr gesehen, einen länglichen blitzenden Gegenstand hervorholte und ihn hastig in ihrem Busen verbarg.

War das vielleicht ein Dolch und wollte die Prinzessin, eine zweite Judith, hingehen, einen zweiten Holofernes in ihren liebreizenden Armen zu tödten?

Jetzt meldete der Kammerdiener, daß der Major von Brandt die Prinzessin im Salon erwarte und daß der Wagen vorgefahren sei. Ein leises Zittern durchflog die ganze Gestalt der Prinzessin und ihre Wangen wurden noch bleicher als zuvor. Sie befahl dem Kammerdiener hinauszugehen und bedeutete dann mit einem schweigenden Wink ihrer Hand Madame Camilla, ihr Mantel und Hut darzureichen. Stumm gehorchte diese. Als die Prinzessin jetzt fertig und zur Abfahrt

38*

bereit war, wandte sie sich an Camilla, und einen kostbaren Brillant-schmuck von ihrem Finger ziehend, reichte sie ihr denselben dar.

Nehmen Sie diesen Ring als Andenken von mir, sagte sie. Ich weiß, Sie sind eine gute und begeisterte Oesterreicherin, Sie hassen gleich mir den Tyrannen, der uns unterjochen will, Sie werden die Hand segnen, welche ihm Stillstand gebietet und ihn aufhält in seinem Siegeslauf.*) Leben Sie wohl!

Sie nickte ihr noch einmal zu und verließ das Gemach, um sich in den Salon zu begeben, wo Herr von Brandt sie erwartete.

Kommen Sie, sagte sie hastig, es ist die höchste Zeit. Sie haben doch eine Uhr bei sich, um die Zeit berechnen zu können?

Ja, Durchlaucht, sagte Herr von Brandt lächelnd, ich habe meine Uhr bei mir und ich werde die Ehre haben, sie Ihnen zu zeigen, bevor Sie in das kaiserliche Cabinet eintreten.

Mariane erwiderte nichts, sondern durchschritt hastig das Gemach, um sich hinunter zu begeben zu dem bereitstehenden Wagen; Herr von Brandt eilte ihr nach und bot ihr den Arm.

Madame Camilla, welcher kein Wort ihres kurzen Gesprächs mit Herrn von Brandt entgangen war, folgte der Prinzessin die Treppe hinunter und blieb demüthig vor derselben stehen, bis die Prinzessin mit ihrem Begleiter eingestiegen und der Wagenschlag geschlossen war.

Kaum aber war die glänzende Equipage der Prinzessin aus dem Hof ihres Hôtels dahin gerollt, als Madame Camilla auf die Straße eilte, einen Fiacre bestieg und ihm befahl, so schnell die Pferde zu laufen vermöchten, nach der französischen Commandantur zu fahren.

---

*) Mémoires du Duc de Rovigo. II. 238.

VI.

Der preußische Gesandte bei Napoleon.

Napoleon hatte das Schloß Austerlitz verlassen und weilte seit einigen Tagen wieder in Schönbrunn bei Wien. Das Lustschloß der großen Kaiserin Maria Theresia war jetzt die Residenz Dessen, welcher den Enkel Maria Theresia's aus seiner Hauptstadt vertrieben, seine Armee geschlagen hatte, und eben im Begriff war, ihm einen Frieden zu dictiren, dessen Bedingungen für eine neue Niederlage Oesterreichs, und einen neuen Sieg Frankreichs gelten konnten.

In Preßburg waren die Abgeordneten Oesterreichs und Frankreichs. schon versammelt, um diesen Frieden zu Stande zu bringen, und in jeder Stunde kamen Couriere nach Schönbrunn, welche dem Kaiser den Verlauf der Unterhandlungen meldeten und seine Befehle einzuholen hatten.

Aber während Oesterreich jetzt, nach der unglücklichen Schlacht vom zweiten December, mit Napoleon um den Frieden verhandelte, befand sich der preußische Abgesandte, Graf Haugwitz, welcher Napoleon die drohende Erklärung Preußens überbringen sollte, noch immer unterwegs, oder hatte wenigstens noch immer nicht dazu kommen können, seine Depesche an den Kaiser abzugeben. In dieser Depesche forderte Preußen, im Einverständniß mit Rußland, daß Napoleon Italien und Holland herausgebe, und beide Länder gleich Deutschland in seiner Unabhängigkeit anerkenne. Preußen verstattete Frankreich eine vierwöchentliche Frist, um diesen Vorschlag zu überlegen, und wenn dieselbe alsdann abgelehnt würde, erklärte Preußen dem Kaiser Napoleon den Krieg.

Diese vierwöchentliche Frist war am funfzehnten December abgelaufen, und Graf Haugwitz, wie gesagt, hatte noch immer nicht dazu gelangen können, die betreffende Depesche dem Kaiser Napoleon zu überreichen.

Er war freilich schon am sechsten November von Berlin abgereist, aber der Herr Graf liebte es, bequem zu reisen, und sich oft auszuruhen von den Strapazen der Reise. Er hatte also immer sehr kleine Tagereisen gemacht, und sich in jeder größern Stadt, durch welche ihn sein Weg führte, mehrere Tage erholt. Vergebens war es gewesen, daß ihm Minister Hardenberg, daß ihm die russischen und österreichischen Gesandten in Berlin Couriere über Couriere nachsandten, um ihn zur Beschleunigung seiner Reise anzufeuern.

Graf Haugwitz erklärte, daß er nicht schneller reisen könne, weil er sich scheute zu sagen, daß er nicht schneller reisen wolle.

Er wollte aber nicht schneller reisen, weil die Botschaft, deren Ueberbringer er war, wie eine Centnerlast ihn bedrückte, und weil er von dem thatkräftigen Genie Napoleons überzeugt war, daß er durch irgend eine schnelle und große Siegesthat alle Verträge umstoßen, alle Standpunkte verändern, und ihn also der Mühe überheben werde, ihm eine Depesche von so herbem und feindlichem Inhalt zu überbringen.

Dank seinem Zögerungssystem war also Graf Haugwitz erst am Tage vor der Schlacht von Austerlitz zu einer ersten Audienz bei Napoleon gelangt. Aber statt dem Kaiser seine inhaltsvollen Documente zu überreichen, hatte er sich begnügt, mit echter Höflingsgewandheit dem großen Feldherrn Weihrauch zu streuen, und hatte sich von ihm mit allen Geschäften bis auf die Tage nach der Schlacht vertrösten lassen.

Nach dem Tage der großen Schlacht hatte der Kaiser in Schönbrunn den Abgesandten des Königs von Preußen empfangen, und ihm die ersehnte Audienz gewährt. Mit zorniger Stimme hatte Napoleon ihn begrüßt, und ihm heftige Vorwürfe gemacht, daß er den Vertrag von Potsdam mit unterzeichnet habe. Aber Haugwitz hatte es verstanden, durch eine höfliche Wendung den Zorn des Imperators zu beschwichtigen, und sich seine Geneigtheit wieder zu gewinnen. Seitdem war Graf Haugwitz täglich nach Schönbrunn gekommen, und Napoleon hatte ihn stets mit besonderer Güte und Huld aufgenommen. Denn der Kaiser, welcher sehr wohl wußte, daß Oesterreich noch immer auf eine bewaffnete Dazwischenkunft Preußens hoffte, wollte die Entscheidung über das Schicksal Preußens wenigstens so lange verzögern, bis der Frieden mit Oesterreich abgeschlossen worden. Dann erst, wenn Oesterreich in den Staub getreten, wollte er daran denken, Preußen zu strafen für den Uebermuth seiner letzten Tage, und es zu demüthigen, wie er bisher alle seine Feinde gedemüthigt hatte. Deshalb hatte er den Grafen Haugwitz täglich empfangen, und ihn allmälig und unvermerkt für seine Pläne zu gewinnen gewußt. Auch heute am dreizehnten December hatte sich Graf Haugwitz nach Schönbrunn begeben, zur Audienz bei Napoleon. Er war in glänzendster Hofgala, geschmückt mit dem großen Bande der Ehrenlegion, das er vor einem Jahr erhalten, und das der preußische Minister besonders gern zu tragen schien.

'. Napoleon empfing den Grafen in dem früheren Wohnzimmer Maria Theresia's, das jetzt das Arbeitszimmer Napoleons geworden war. Auf einem großen runden Tisch in der Mitte des Zimmers lagen Landkarten ausgebreitet, mit verschiedenen farbigen Nadeln besteckt; die grünen bezeichneten die Etappenstraße, welche Napoleon für den Rückzug des russischen Heeres festgesetzt hatte, die dunkelgelben umgaben die äußersten Grenzen Oesterreichs, und je nach den Nachrichten, die Napoleon aus Preßburg erhielt, und die ihm immer neue Zugeständnisse und neue Länderabtretungen Oesterreichs brachten, veränderte er den Standpunkt dieser Nadeln, welche täglich einen engern Raum umfaßten, während die blauen Nadeln, welche Baierns Grenze bezeichneten, immer weiter vorschritten, und die rothen Nadeln, die Frankreichs Armee repräsentirten in ungeheurer Zahl sich auf der Karte zu vervielfältigen schienen.

Napoleon beschäftigte sich indessen eben nicht mit den Karten, sondern er saß, als Graf Haugwitz zu ihm eintrat, vor dem dicht neben den Karten aufgestellten Schreibtisch, und war, wie es schien, eifrig mit Schreiben beschäftigt. Auf dem erhöhten hintern Rande dieses Schreibtisches waren die Büsten Friedrichs des Großen und Maria Theresia's aufgestellt. Zu ihnen hob Napoleon zuweilen, wenn er inne hielt im Schreiben, den düstern Blick empor, und dann war es, als ob diese drei Häupter, die zwei marmornen Büsten und das eherne Cäsarenhaupt Napoleons, sich drohend zu einander neigten, und als ob die Blitze, die in Napoleons Augen leuchteten, auch in den Marmoraugen der Kaiserin und des großen Königs das Feuer des Lebens und des Zorns entzündeten; ihre düstern Stirnen schienen ihn dann zu fragen, mit welchem Recht der Sohn des corsischen Advokaten einen Sitz zwischen ihren beiden gekrönten Häuptern genommen, mit welchem Recht er den legitimen Kaiser von Oesterreich aus dem Hause seiner Väter verdrängt habe?

Als Graf Haugwitz eintrat, warf Napoleon die Feder ungestüm fort und stand auf. Mit einem leichten Kopfnicken begrüßte er den Grafen, der sich tief und ehrfurchtsvoll vor ihm verneigte.

Sie sind da, sagte der Kaiser freundlich, das nenne ich Glück haben; ich erwartete Sie mit Ungeduld!

Glück? fragte Graf Haugwitz mit seinem gelungensten Höflingslächeln. Glück, Sire? Es scheint mir, daß es weder Glück noch Unglück in der Welt giebt, ja ich bin davon jetzt mehr als jemals überzeugt! Habe ich nicht mehr als hundert Mal sagen hören: Er ist glücklich! Er hat Glück! Seitdem ich den großen Mann kennen gelernt habe, der Alles durch sich selbst ist, habe ich mich überzeugt, daß das Glück nicht mitzählt und entscheidet.

Napoleon lächelte. Sie sind ein feiner und gewandter Cavalier und Hofmann, sagte er, aber es ist für die Fürsten eine Regel der Weisheit, daß sie den Worten der Höflinge und Schmeichler nicht trauen dürfen, sondern immer sie in das Gegentheil übersetzen müssen. So übersetze ich denn auch Ihre Schmeichelei in ihr Gegentheil, und dann lautet sie: es scheint leider, daß das Glück uns Andere, und besonders die dritte Coalition für immer verlassen hat, und immer noch bei Frankreich bleiben will.

Oh, Sire, rief Graf Haugwitz mit dem Ton schmerzlichen Vorwurfs, können Ew. Majestät wirklich meine Ergebenheit und Bewunderung bezweifeln wollen? War ich denn nicht der Erste, welcher Ew. Majestät, dem unüberwindlichen Sieger, zu den frischen Lorbeeren Glück wünschte, die er selbst in rauher Winterzeit sich um die Heldenstirn geflochten?

Es ist wahr, sagte Napoleon, Sie thaten das, aber Ihr Compliment war für Andere bestimmt, das Schicksal hatte nur die Adresse desselben verändert.*) Von Ihrer Aufrichtigkeit habe ich bis jetzt gar

---

*) Napoleons eigene Worte, wie denn überhaupt dieses ganze Gespräch nur die eigenen Worte des Kaisers und des Grafen Haugwitz enthält. Siehe darüber: Fragments des Mémoires inédits du Comte de Haugwitz. Jena 1837.

keine Beweise, aber von Ihrer Zweideutigkeit desto mehr, denn jedenfalls haben Sie doch den Vertrag von Potsdam mit unterzeichnet?

Ich habe es gethan und ich rühme mich dessen, sagte Graf Haugwitz rasch. Ein Blick in das Herz Napoleons war hinreichend, um mich zu überzeugen, daß er, welcher an der Spitze menschlicher Hoheit steht, seine edle Seele von keinem andern Ruhm bewegt fühlte, als von diesem: der Menschheit den Frieden zu geben und so das große Werk zu vollenden, welches die Vorsehung uns anvertraut hat.

Worte! Worte! sagte Napoleon. Lassen Sie mich endlich Thaten sehen! Die Vollmachten, welche Sie zu mir geführt haben, sind durch die Thatsachen vernichtet worden, darüber sind wir einverstanden; indessen, Sie sind Minister des preußischen Cabinets. Indem der König Sie zu mir sandte, hat er Ihnen allein das Wohl seiner Monarchie anvertraut, wir werden also sehen, ob Sie es verstehen, eine seltene, vielleicht nie wiederkehrende Gelegenheit zu ergreifen und das Werk zu krönen, welches Friedrich der Zweite, trotz seiner Siege, unvollendet gelassen. Kommen Sie hierher und sehen Sie!

Er trat rasch zu dem Tisch mit den Karten hin, und auf einen Wink seiner Hand flatterte Graf Haugwitz mit seinem unverwüstlichen Lächeln auch zu ihm hin.

Sehen Sie da, rief Napoleon auf die Karte deutend, das hier ist Schlesien, Ihr specielles Vaterland. Der König theilt es jetzt noch mit dem Kaiser von Oesterreich, aber diese schöne Provinz muß ganz zu Preußen gehören. Wir wollen sehen und überlegen, was Ihnen davon genehm sein könnte. Sehen Sie nur, folgen Sie meinem Finger! Er wird Ihnen die neue Grenze des preußischen Schlesiens bezeichnen!*)

Und Napoleons Zeigefinger fuhr blitzend wie eine Dolchspitze über die Karten hin und umzirkelte den ganzen österreichischen Antheil an Schlesien von Teschen bis zur sächsischen Grenze und von der Bergkette von Jablunka bis dahin, wo das Riesengebirge sich in der Lausitz verläuft als die künftige Grenze des preußischen Schlesiens.**)

---

*) Napoleons eigene Worte. Fragments inédits. S. 17.

**) Mémoires inédits. S. 18.

Nun, fragte er dann haftig, wäre das nicht eine willkommene Ab-
rundung Ihrer schlesischen Provinz?

Graf Haugwitz antwortete nicht sogleich, sondern blickte immer
noch auf die Karte hin. Napoleons Adlerblick ruhte einen Moment auf
ihm und flackerte dann hinüber zu den Büsten Maria Theresia's und
Friedrichs des Großen.

Oh, rief er mit einem Lächeln des Triumphes, auf die Büste
Friedrichs deutend, der große Mann hätte meinen Vorschlag angenommen, ohne zu zaudern!

Sire, sagte Graf Haugwitz zögernd, aber die große Frau, die
Maria Theresia, würde es nicht ohne Weiteres zugelassen haben!

Aber jetzt, rief Napoleon, jetzt ist keine Maria Theresia da, um
den König von Preußen zu hindern, jetzt bin ich da, und ich bewillige
Ihrem König ganz Schlesien, wenn er sich im engen Bündniß mir
anschließt. Bedenken Sie es wohl, können Sie für den Ruhm, der
Sie erwartet, unempfindlich sein?

Und wieder bohrten sich seine Augen wie zwei Dolchspitzen in das
verlegene Angesicht des Grafen.

Sire, sagte dieser leise, Ihr Vorschlag ist lockend und wundervoll,
aber so viel ich Se. Majestät den König kenne, ich muß —

Oh, unterbrach ihn Napoleon ungeduldig, es ist hier nicht die
Rede von dem König und seiner Person. Sie sind Minister, Ihnen
liegt es ob, die Pflichten zu erfüllen, welche Ihre Stellung Ihnen auf-
erlegt und den Moment zu ergreifen, welcher nie wiederkehren wird!
Man muß mächtig sein, man kann es niemals genug sein, glauben
Sie es mir und überlegen Sie darnach Ihre Antwort.

Aber vielleicht, Sire, möchte es für uns besser sein, unsere Macht-
vergrößerung auf einer andern Seite zu suchen, sagte Haugwitz.

Auf der Seite Polens, oder Frankreichs, nicht wahr? fragte
Napoleon barsch. Ihr möchtet mir gern Mainz und Cleve und das
linke Rheinufer wieder entreißen, und Ihr thut schön mit Rußland und
Oesterreich, weil Ihr hofft, daß die Euch vielleicht doch noch eines
Tages dazu verhelfen könnten? Aber Ihr wollt es auch mit mir nicht
verderben, weil es doch möglich ist, daß Eure Hoffnungen scheitern, und

weil Ihr dann meine Feindschaft fürchtet? Ihr Preußen wollt aber aller Welt Bundesgenosse sein; das ist unmöglich, man muß sich für mich oder für die Andern entscheiden. Ich verlange Aufrichtigkeit, oder ich sage mich von Euch los, denn mir sind offene Feinde lieber, als falsche Freunde. Ihr König duldet in Hannover ein Corps von dreißigtausend Mann, welches durch seine Staaten hindurch die Verbindung mit der großen russischen Armee unterhält; das ist ein Act offner Feindseligkeit. Ich aber, ich gehe meinen Feinden zu Leibe, wo ich sie finde. Wenn ich wollte, könnte ich für diese Unredlichkeit eine furchtbare Rache nehmen! Ich könnte in Schlesien einfallen, Polen zum Aufstand aufrufen und Preußen Schläge beibringen, von denen es sich nie wieder erholen würde. Aber ich ziehe es vor, das Vergangene zu vergessen und mich großmüthig zu zeigen! Ich will Preußen also eine vorübergehende Uebereilung verzeihen, aber nur unter einer Bedingung, und die ist: daß sich Preußen mit Frankreich durch unauflösliche Bande vereinige, und als Pfand dieses Bundes verlange ich, daß es Hannover in Besitz nehme.*)

Sire, rief Haugwitz freudig, dies war die wünschenswerthe Ländervergrößerung, auf welche ich vorhin hinzudeuten mir erlaubte, und wie ich glaube, die einzige, welche das Gewissen des Königs ihm anzunehmen erlauben würde.

Gut, nehmen Sie also Hannover, sagte Napoleon, ich übertrage meine Rechte auf dasselbe an Preußen; dafür tritt Preußen aber an Frankreich das Fürstenthum Neufchatel und die Festung Wesel, an Baiern das Fürstenthum Anspach ab.

Aber Sire, rief Haugwitz erschrocken, Anspach gehört durch Familienverträge, die nicht angefochten werden können, zu Preußen, und Neufchatel —

Keine Einwendungen, unterbrach ihn Napoleon rauh, es bleibt, wie ich gesagt. Entweder Krieg oder Frieden. Krieg, das heißt, ich zerschmettere Preußen und werde für immer sein unversöhnlicher Feind; Frieden, das heißt, ich gebe Euch Hannover und empfange dafür

---

*) Napoleons eigene Worte. Siehe: Fragments inédits. S. 20.

Neufchatel, Wesel und Anspach. Nun, entscheiden Sie sich rasch, ich bin des langen Zögerns und Hinhaltens müde, ich will endlich Entscheidung und Sie werden das Zimmer nicht eher verlassen, als bis ich dieselbe habe! Sie haben Zeit genug gehabt, zu bedenken und zu überlegen, entscheiden Sie sich. Sagen Sie also kurz und schnell, was wollen Sie: Krieg oder Frieden?

Sire, sagte Haugwitz flehend, was kann denn Preußen anders wollen, als Frieden mit Frankreich?

Wahrhaftig, und es ist ein schönes Geschäft, was Ihr da macht, rief Napoleon. Neufchatel ist für Preußen ein verlorner Posten, über den es überdies nur oberflächliche Hoheitsrechte hat. Ihr empfangt also dafür, für Wesel und für Anspach mit seinen viermalhunderttausend Einwohnern das Euch so bequeme Königreich Hannover mit mehr als einer Million Einwohnern! Ich glaube, Preußen kann mit seinem neuen Arrondissement zufrieden sein!

Sire, sagte Haugwitz, es wird besonders zufrieden sein, wenn es sich die treue und mächtige Freundschaft Frankreichs erwerben, und auf immer bewahren kann.

Auf mein Wort können Sie rechnen, rief der Kaiser, ich bleibe meinen Feinden, wie meinen Freunden treu. Jene zerschmettere ich, diese fördere ich, wo sich mir die Gelegenheit bietet. Wir wollen uns übrigens gegenseitig beweisen, daß es Ernst ist mit diesem neuen Bündniß, und wir wollen die Bedingungen desselben schon heute schriftlich festsetzen. Der Großmarschall Duroc hat meine Weisungen bereits erhalten, und er wird Ihnen die einzelnen Punkte des Angriffs- und Vertheidigungsbündnisses zwischen Frankreich und Preußen vorlegen. Ich bitte Sie, sich zu ihm zu begeben und mit ihm das Nöthige zu besprechen, damit wir dann das Actenstück unterzeichnen. Gehen Sie, mein lieber Graf, und nehmen Sie zuerst meinen Glückwunsch, Sie haben in dieser Stunde Preußen einen wichtigen Dienst geleistet, Sie haben es vom Verderben errettet. Ich würde es wie ein Spielzeug in meiner Hand zerbrochen haben, wenn Sie meine Freundschaft zurückgewiesen hätten. Gehen Sie, der Großmarschall erwartet Sie!

Er nickte dem betäubten, verwirrten Grafen einen Abschiedsgruß zu, und wandte sich wieder nach seinen Karten hin, auf diese Weise dem Grafen Haugwitz jede Möglichkeit weiterer Erörterungen abschnei= bend. Dieser seufzte tief auf, und rückwärts gehend, wandte er sich langsam der Thür zu.

Napoleon beachtete ihn gar nicht weiter, er schien ganz in seine Karten und Pläne vertieft zu sein, nur als die Thür sich langsam hinter dem Grafen schloß, sagte er leise: er wird das Bündniß unterzeichnen, und damit ist Oesterreichs letzte Hoffnung gefallen! Jetzt werde ich in Preßburg entschiedener auftreten, und Oesterreich wird mir alle meine Bedingungen erfüllen, es wird mir die Niederlande, Venedig und Tos= kana abtreten müssen, denn jetzt kann es nicht mehr auf eine bewaffnete Dazwischenkunft Preußens rechnen.*)

VII.

Judith und Holofernes.

Napoleon war noch immer mit seinen Karten beschäftigt, und ver= änderte bald hier, bald dort den Stand der Nadeln. Zuweilen ward

*) Das Angriffs= und Vertheidigungsbündniß zwischen dem Kaiser von Frankreich und dem König von Preußen kam ganz so zu Stande, wie Napoleon es gewollt hatte. Graf Haugwitz, ohne weitere Instruktionen von seinem Chef einzuholen, unterzeichnete es am 15. December, an demselben Tage, an welchem er, dem Vertrag von Potsdam gemäß, Napoleon die Kriegserklärung Preußens übergeben sollte. Durch den Abschluß dieses Bündnisses kam Oesterreich aller= dings in die äußerste Bedrängniß, und sah sich gezwungen, die bemüthigenden Bedingungen Napoleons anzunehmen, und am 26. December 1805 den „Frieden von Preßburg" zu unterzeichnen. Dieser beraubte Oesterreich seiner schönsten Provinzen, mit denen Frankreich, Baiern, Würtemberg und Baden sich be= reicherten. — Preußen erhielt freilich durch den Vertrag mit Frankreich das Königreich Hannover, aber dies war doch nur ein illusorisches Besitzthum, das sich Preußen jedenfalls erst mit dem Schwert in der Hand von England er= kämpfen mußte.

er in seinen Studien unterbrochen von Courieren, die neue Depeschen aus Preßburg oder Frankreich brachten, und er kehrte immer wieder zu seinen Karten zurück, und sein Finger, der über dieselben hinfuhr, löschte, wie der Finger Gottes, Königreiche und Grenzen aus, um neue Länder und neue Staatenhäupter mit seinem Winken erstehen zu lassen.

Der Abend dunkelte bereits herauf, und der Kaiser weilte noch immer in seinem Cabinet. Mehrmals schon hatte sich die Thür leise geöffnet, und der Kammerdiener Constant hatte mit spähenden Augen herein geschaut. Aber immer wieder, wenn er den Kaiser so eifrig beschäftigt gesehen, hatte er sich vorsichtig und unhörbar wieder zurückgezogen. Endlich indeß schien er des langen Wartens und Zauberns müde; statt diesmal wieder sich zurückzuziehen, trat er ein und ließ die Thür geräuschvoll in's Schloß fallen.

Dieses Geräusch machte, daß der Kaiser heftig emporschaute. Nun, Constant, was giebts? fragte er.

Sire, flüsterte Constant leise, als fürchte er, die Wände könnten ihn belauschen, Sire, die fremde Dame ist schon seit einer Stunde hier, und wartet auf die versprochene Audienz.

Ah, die Gräfin oder Prinzessin, rief Napoleon leicht hin, die närrische Person, welche behauptet mich früher gehaßt zu haben, mich jetzt zu lieben?

Sire, sie spricht mit schwärmerischer Begeisterung von Ew. Majestät!

Ah bah, die Frauen lieben es, sich für irgend Jemand zu begeistern, und ihr Herz in irgend einer Schwärmerei aufzubauschen! Würden sonst wohl so viele Weiber ins Kloster gehen, und den Herrn Christum ihren Bräutigam nennen? Aber wie heißt denn die Dame eigentlich, der es gefallen hat, sich für mich zu begeistern?

Sire, ich glaube, sie hat die einzige Bedingung gemacht, daß Ew. Majestät nicht nach ihrem Namen fragten!

Der Kaiser runzelte die Stirn. Und man will mich bereden, die Namenlose zu empfangen? Wer weiß, welch' eine Abenteuerin und Intriguantin sich da bei mir einschleichen möchte, und in was für Zwecken sie kommt?

Sire, einer der treuesten Anhänger und Bewunderer Ew. Majestät, der Herr von Brandt, österreichischer Major außer Dienst, bürgt für sie, und —

In diesem Augenblick ward die Thür heftig geöffnet, und der Großmarschall Duroc trat ein.

Ah, Ew. Majestät sind noch hier? rief er freudig. Ew. Majestät haben also die fremde Dame noch nicht empfangen?

Nun, und was kümmert Dich das? fragte Napoleon lächelnd. Bist Du etwa eifersüchtig? Diese Dame soll sehr schön sein!

Sire, sagte Duroc feierlich, und wenn sie so schön wäre, wie Cleopatra, so dürfen Ew. Majestät sie doch nicht empfangen!

Ich dürfte nicht? fragte Napoleon in strenger Betonung. Wer wollte es mir verbieten?

Sire, die heilige Pflicht, welche Sie haben, sich Ihren Völkern, Ihrem Reiche zu erhalten. Diese Dame, welche sich mit so leidenschaftlicher Heftigkeit in die Nähe Eurer Majestät drängt, ist eine gefährliche Intriguantin, eine enragirte Feindin Frankreichs und Eurer Majestät.

Napoleon warf einen triumphirenden Blick auf Constant hin, welcher bleich und bebend an der Wand lehnte. Nun, fragte er, willst Du sie noch vertheidigen?

Dann, ohne Constant's Antwort abzuwarten, wandte er sich wieder an den Großmarschall. Und woher haben Sie diese Nachrichten?

Sire, der Commandant von Wien, Herr von Vincennes, ist so eben in größter Eile hier angekommen. Sein Pferd fiel halbtodt zur Erde, als er in den Hof sprengte. Er fürchtete, schon zu spät zu kommen.

Wie denn, zu spät?

Zu spät, um Ew. Majestät vor dieser Dame zu warnen, welche offenbar gekommen ist, um ein frevelhaftes Unternehmen auszuführen.

Ah bah, wollte sie mich etwa ermorden?

Sire, Herr von Vincennes behauptet das!

Ah, rief Napoleon, sich wieder zu Constant umwendend, hast Du mir nicht gesagt, daß sie mich schwärmerisch liebt? Ist der Commandant noch da?

Ja Sire, er fragt an, ob er die Dame nicht sogleich verhaften und sie einem strengen Gehör unterwerfen soll?

Napoleon schwieg einen Moment, und schien sich zu bedenken. Constant, sagte er dann, rufen Sie Herrn von Vincennes hierher, ich will ihn selber sprechen.

Constant stürzte fort in den Vorsaal, und kehrte nach einer Minute zurück, um den Commandanten von Wien, Herrn von Vincennes, einzuführen.

Napoleon ging ihm hastig entgegen. Sie sind gekommen, um mich zu warnen? fragte er rasch. Was haben Sie für Gründe zu dieser Warnung?

Sire, die allerdringendsten Verdachtgründe. Diese Dame wird, seit ich in Wien bin, von meinen Agenten beobachtet und bewacht, weil sie der geistige Mittelpunkt aller gefährlichen und feindlichen Elemente Wiens ist. Alle Feinde Eurer Majestät, alle sogenannten deutschen Patrioten versammeln sich in ihrem Hause, und wenn wir sie also genau überwachten, wußten wir so ziemlich Alles, was unsere Feinde unternahmen und thaten. Es war daher nothwendig, in ihrem Hause selbst einen Agenten für uns zu finden, der mir täglich Bericht abstattete, und ich war so glücklich, die Gesellschafterin der Dame für unsere Interesse zu gewinnen.

Womit bestachen Sie sie? fragte Napoleon. Mit Liebe oder mit Geld?

Sire, Gott sei Dank, bedurfte es nur des Geldes.

Der Kaiser lächelte. Die Person ist also alt und häßlich.

Sehr häßlich, Sire.

Und sie haßt ihre Herrin, weil sie schön ist? Denn nicht wahr, sie ist sehr schön?

Außerordentlich schön, Sire, ein bezauberndes Weib, und also um desto gefährlicher.

Napoleon zuckte die Achseln. Fahren Sie fort in Ihrem Bericht. Sie hatten also die Gesellschafterin für Geld gewonnen?

Ja, Sire, sie führte ein genaues Journal über jeden Tag und jede Stunde, und überbrachte mir jeden Abend dasselbe. Seit einigen

Tagen schien ihr das Benehmen ihrer Herrin besonders auffallend, sie
beobachtete sie deshalb genauer, und meine übrigen Agenten folgten
ihr, sobald sie ihr Hôtel verließ, in mancherlei Verkleidungen und auf
jedem Schritt. Alle Anzeichen waren verdächtig genug und ließen
darauf schließen, daß sie irgend ein Attentat beabsichtige. Aber ich
errieth noch nicht, auf wen sich dasselbe richten werde. Da kommt vor
zwei Stunden die Gesellschafterin, um mir ihr Journal zu bringen
und mir zu berichten, daß ihre Herrin soeben mit dem Major von
Brandt ihr Hôtel verlassen habe, und daß sie nach den letzten Reden
ihrer Dame vermuthen müsse, sie habe sich nach Schönbrunn zu Ew.
Majestät begeben. Eben, wie ich noch überlegte, was zu thun sei,
kam ein anderer meiner Agenten, welcher den speciellen Auftrag hatte,
den Herrn von Brandt zu beobachten, denn obwohl dieser außerordentlich ergeben erscheint, traue ich ihm doch nicht.

Und daran thun Sie sehr wohl, sagte Napoleon strenge, Ver-
räthern darf man niemals trauen, und dieser Herr von Brandt ist ein
Verräther, da er uns, den Feinden seines Vaterlandes, anhängt. Was
für Nachrichten brachte Ihr Agent?

Sire, mein Agent ließ durch einen seiner Leute, der ein sehr ge-
schickter Taschendieb ist, dem Major seine Brieftasche stehlen, als er
eben in das Hôtel der Dame gehen wollte.

Wahrhaftig, sagte Napoleon heiter, Ihre Agenten machen ihre
Sache gut. Was fanden Sie in dem Taschenbuch? Liebesbriefe, un-
bezahlte Rechnungen, nicht wahr?

Nein, Sire, ich fand darin ein wichtiges Document, eine Verschreibung, der gemäß die Dame dem Major, wenn er ihr eine Audienz
bei Ew. Majestät verschafft, für jede Minute der Dauer derselben ein
Goldstück zahlt.

Napoleon lachte. Die Dame ist also reich wie Crösus? fragte er

Ja, Sire, man sagt, daß die Prinzessin —

Prinzessin, was für eine Prinzessin?

Sire, die Dame, welcher Ew. Majestät eine Audienz bewilligt
haben, ist ja die Prinzessin von Eybenberg.

Prinzessin von Eybenberg, wiederholte Napoleon sinnend. Habe ich denn diesen Namen nicht schon einmal gehört? Ja, jetzt entsinne ich mich, sagte er nach kurzer Pause leise, wie zu sich selber, die Agentin des Grafen von Provence, welche mir damals den Brief brachte, und die ich, aus Paris entfernte.

Haben Sie das Tagebuch der Gesellschafterin und die übrigen Papiere bei sich? fragte er dann den Commandanten.

Zu Befehl, Sire, hier sind sie Alle, erwiderte Herr von Vincennes, einige Papiere aus seinem Busen hervorziehend. Hier ist auch die seltsame Verschreibung der Prinzessin.

Geben Sie her, sagte Napoleon, und die Papiere nehmend, blätterte er in ihnen, und las hier und da einige Zeilen. Wahrhaftig, sagte er dann, diese Geschichte ist pikant, und sie fängt an, mich zu reizen. Constant, wo ist die Dame?

Sire, Herr von Baujset hat sie in das kleine Empfangszimmer Eurer Majestät gebracht und dort wartet sie.

Gut, sagte Napoleon, sie hat lange genug gewartet, und sie möchte ungeduldig werden. Ich will also zu ihr gehen.

Aber, Sire, doch nicht allein? fragte Duroc ängstlich. Ew. Majestät werden mir doch erlauben, Sie zu begleiten?

Ah, Du bist neugierig, die gepriesene Schönheit zu sehen? fragte Napoleon lachend. Ein anderes Mal, Herr Großmarschall, diesmal gehe ich allein. Bedenken Sie nur, daß die schöne Prinzessin mich leidenschaftlich liebt, und daß es sie also tödtlich beleidigen müßte, wenn ich zu einem Rendezvous mit ihr nicht allein käme.

Er that einige Schritte vorwärts nach der Thür hin. Aber jetzt stürzte Constant zu ihm hin, und vor ihm niederknieend, rief er mit vor Angst zitternder Stimme: Sire, haben Ew. Majestät Erbarmen mit mir! Setzen Sie Ihr so kostbares Leben nicht in Gefahr! Geben Sie mein armes Herz, welches Ew. Majestät anbetet, nicht ewiger Verzweiflung Preis! Ich war es, der es zuerst wagte, Ew. Majestät zu bitten, diese Dame zu empfangen. Jetzt, Sire, beschwöre ich Ew. Majestät auf meinen Knieen, empfangen Sie diese Dame nicht!

Ich wage es, Sire, meine Bitten mit denen Constant's zu vereinigen, sagte Duroc lebhaft. Sire, empfangen Sie diese Dame nicht.

Geftatten Ew. Majeftät mir vielmehr, fie fogleich zu verhaften, rief Herr von Bincennes.

Napoleon ließ feine flammenden Blicke lächelnd von einem Geficht zum andern wandern. Wahrhaftig, fagte er, wenn man Euch hört, follte man vermeinen, diefe Schöne fei eine Pulvermine und man brauche fie nur zu berühren, um in die Luft zu fliegen und zerfchmettert zu werden! Beruhigt Euch, wir werden wohl noch mit dem Leben davon kommen. Ihr habt mich gewarnt, und ich werde auf meiner Huth fein. Kein Wort, keine Bitten weiter! Mein Entfchluß ift gefaßt, ich will diefe Schöne fehen, und zwar allein!

Sire, rief Conftant ängftlich, wenn nun diefe Wahnfinnige, indem Ew. Majeftät zu ihr eintreten, ein Piftol auf Ihr Haupt abbrückte?

So würden die Kugeln wirkungslos vor mir niederfallen, oder das Piftol würde verfagen, rief Napoleon mit dem vollften Ton der Ueberzeugung. Das Schickfal hat mich nicht hierher geftellt, um von eines Meuchelmörders Händen zu fallen! Gehen Sie, meine Herren, und nehmen Sie meinen Dank für Ihren Eifer und Ihre Theilnahme. Herr von Bincennes, kehren Sie nach Wien zurück, Ihre Papiere behalte ich hier. Ift Graf Haugwitz noch bei Ihnen, Duroc?

Ja, Sire, wir waren mit Abfaffung des Vertrages und deffen einzelnen Paragraphen befchäftigt, als Herr von Bincennes mich rufen ließ.

Kehren Sie zu dem Grafen zurück, und Du, Conftant, gehe zu dem Herrn von Brandt, und zähle mit ihm die Minuten, welche feine Dame in meiner Gefellfchaft zubringt. Es ift möglich, daß er fehr viel Goldftücke verdient, denn ich denke die intereffante Schöne nicht fogleich wieder zu entlaffen.

Er nickte leicht mit dem Kopf, und rafch das Cabinet durchfchreitend, trat er durch die Thür, welche Conftant ihm öffnete. Haftigen Schrittes, und ohne weiter zu überlegen und zu finnen, durchfchritt er die beiden großen Empfangsfäle, und öffnete dann die Thür zu dem kleinen Salon, in welchem, wie Conftant gefagt, die Dame ihn erwartete.

Einen Moment blieb er auf der Schwelle ftehen, und feine bren-

nenden Blicke wandten sich auf Mariane hin, welche bei seinem Eintreten sich von dem Lehnstuhl erhoben hatte, auf welchem sie gesessen.

Es ist wahr, murmelte Napoleon leise vor sich hin, sie ist wirklich schön!

Er that einige Schritte vorwärts, dann, als erinnere er sich jetzt
erst, daß er die Thür hinter sich weit offen gelassen, kehrte er um,
und schloß die Thür. Sie wollen mich doch ohne Zeugen sprechen,
nicht wahr? fragte er, sich Mariane nähernd.

Sire, das Wort der Liebe und der Anbetung verstummt gar leicht
vor fremden Ohren, flüsterte Mariane, ihn mit einem flammenden
Blick ansehend.

Napoleon lächelte. Nun, warum haben Sie denn versäumt, mir
vorher das Wort der Liebe und der Anbetung zwischen die Schultern
zu schreiben? fragte er. Ich kehrte Ihnen ja absichtlich den Rücken
zu, ich wollte Ihnen Gelegenheit geben, Ihre heroische That auszuführen.

Wie? rief Mariane mit dem Ausdruck des Entsetzens, Ew. Majestät zweifeln an mir?

Nein, sagte Napoleon lachend, ich zweifle gar nicht an Ihnen, ich
bin vielmehr meiner Sache ganz gewiß! Ich weiß, daß Sie hierher
gekommen sind, um die Bibel, deren Wahrheit man oft bezweifelt hat,
in die Wirklichkeit zu übersetzen. Sie beabsichtigten, das Capitel von
der Judith und dem Holofernes zu einer Tragödie unserer Zeit zu
machen. Aber, wenn Sie auch schön und verführerisch sind, wie die
Judith es war, so bin ich doch kein Holofernes, welcher sich von seiner
Leidenschaft beherrschen läßt, und in den Armen eines Weibes der
nöthigen Klugheit vergißt. Ich bin niemals Sclave meiner Leiden-
schaften gewesen, Madame, und es ist nicht genug, daß ein Weib
schön sei, um mein Herz gewinnen zu können, ich muß sie auch achten
können, und ich würde niemals ein Weib hochachten können, welches
den Ueberwinder ihres Vaterlandes liebte. Sie sehen also, daß ich
kein Holofernes bin, und daß ich Ihnen meine Arme nicht geöffnet
hätte, wenn ich Sie für eine verlorene Tochter Ihres Vaterlandes
halten müßte. Aber ich weiß, daß Sie eine Patriotin sind, und das
ändert die Sache, ich weiß, daß ich Sie hochachten darf, und ich sage

daher nicht, daß ich Sie nicht auch lieben kann, denn es ist wahr, Sie sind bezaubernd schön.

Sire, sagte Mariane glühend, wenn Sie mich nur empfangen haben, um mich zu beleidigen und zu verhöhnen, so bitte ich, daß Sie mir erlauben, zu gehen!

Nein, ich habe Sie empfangen, weil ich Ihnen einen guten Rath geben wollte, sagte Napoleon ernst, ich bitte Sie also zu bleiben. Sie müssen Ihre Dienerschaft besser wählen, Madame, Sie müssen ihr weniger vertrauen, und argwöhnischer gegen sie sein, denn Sclavenseelen sind leicht zu verführen, und das Geld ist ein Magnet, dem sie nicht widerstehen. Ihre Gesellschafterin ist eine Verrätherin, hüten Sie sich vor ihr!

Sie hat mich also verläumbet und verdächtigt? fragte Mariane mit bebenden Lippen.

Nein, sie hat Sie nur verrathen, sagte Napoleon lächelnd. Selbst der Brillantring, den Sie ihr beim Abschied überreichten, hat ihr Herz nicht gerührt. Wissen Sie noch, was Sie zu ihr sagten, indem Sie ihn ihr gaben?

Sire, wie soll ich das noch wissen? fragte Mariane.

Nun, ich will es Ihnen sagen, rief Napoleon, indem er die Papiere, welche Herr von Vincennes ihm gegeben, und die er noch immer, zu einer kleinen Rolle zusammengefügt, in der Hand gehalten, auseinander schlug. Hier steht es. Sie sagten: „Ich weiß, Sie sind eine gute und begeisterte Oesterreicherin, Sie hassen gleich mir den Tyrannen, der uns unterjochen will, Sie werden die Hand segnen, welche ihm Stillstand gebietet, und ihn aufhält in seinem Siegeslauf." Nun, war's nicht so, Madame?

Mariane antwortete nicht, ihre Wangen waren bleich, ihre Augen starrten entsetzt zu dem Kaiser hin, der sie lächelnd betrachtete.

Einen Moment vorher hatten Sie einen glänzenden Gegenstand in Ihrem Busen verborgen, fuhr Napoleon fort. Dieser Gegenstand, den Ihre Gesellschafterin nicht genau erkannte, war ein Dolch, den Sie heute Vormittag gekauft hatten. Wollen Sie wissen, wo? — Er blickte wieder in die Papiere und sagte dann: Sie kauften diesen Dolch in einer Waffenhandlung am Kohlmarkt und zahlten vier Ducaten dafür. Sie tragen diesen Dolch jetzt bei sich, wahrhaftig, er nimmt eine beneidenswerthe Stelle ein, und ich könnte auf ihn eifersüchtig sein. Warum ziehen Sie ihn nicht hervor, und geben ihm die Stelle, welche Sie ihm bestimmt haben? Glauben Sie etwa, was so viele Thoren von mir gesagt haben, daß ich ein Panzerhemd trage? Ich gebe Ihnen mein kaiserliches Wort, meine Brust ist unbewehrt, und eine Dolchspitze wird keinen Widerstand finden, wenn sie überhaupt meiner Brust sich nähern kann. Versuchen Sie es doch!

Mariane, welche, während der Kaiser sprach, wie vernichtet auf einen Sessel niedergesunken war, erhob sich jetzt rasch. Sire, sagte sie stolz, es ist genug. Ihre Beamten erwarten mich ohne Zweifel schon in dem nächsten Gemach, um mich als eine Verbrecherin zu verhaften! Erlauben Sie, daß ich hingehe, mich ihnen zu übergeben!

Sie wollte sich der Thür zuwenden, aber Napoleon faßte ihre Hand und hielt sie zurück. Nicht doch, sagte er, unsere Zusammenkunft ist noch nicht beendet, sie dauert ja kaum funfzehn Minuten, bedenken Sie also, daß Herr von Brandt dann nur funfzehn Goldstücke bekäme. Ah, Sie sehen mich erstaunt an. Sie wundern sich, daß ich auch das weiß? Ich bin indeß kein Zauberer, und die Sache geht ganz natürlich zu. Sehen Sie da die Verschreibung, die Sie dem Herrn von Brandt gegeben haben!

Er reichte Marianen das Papier dar, sie nahm es nicht, sondern betrachtete es nur mit einem flüchtigen Blick. Ew. Majestät sehen daraus, wie glühend mein Wunsch war, Ihnen nahen zu dürfen, sagte sie. Hätte Herr von Brandt mein halbes Vermögen für diese Audienz bei Ew. Majestät verlangt, ich würde es ihm mit Freuden gewährt haben, denn eine Stunde des Zusammenseins mit Ew. Majestät ist mehr werth, als alle Schätze der Welt.

Und doch wollten Sie mich jetzt eben schon verlassen? rief Napoleon vorwurfsvoll. Wie ungroßmüthig das gegen Ihren Freund gewesen wäre, der mit Constant im Vorzimmer steht und mit der Uhr in der Hand seine Goldstücke berechnet. Wir wollen großmüthig sein, wollen ihm drei Stunden bewilligen. Drei Stunden, das ist eine hübsche Zeit für ein Rendezvous; wenn Sie mich alsdann verlassen, werden Sie Herrn von Brandt einhundert und achtzig Louisd'or zahlen und ich werde die Gratulationen meiner Vertrauten annehmen.

Marianen's Augen flammten auf in Zorn und eine Purpurgluth überflog jetzt ihre Wangen. Sire, rief sie fast drohend, rufen Sie Ihre Beamten, lassen Sie mich als eine Verbrecherin verhaften, lassen Sie mich tödten, wenn ich es verdient habe, nur lassen Sie mich fort von hier.

Ah, der Tod wäre Ihnen also lieber, als daß man glauben könnte, Sie hätten mir ein dreistündiges Liebesrendezvous bewilligt? fragte Napoleon. Freilich, dies Rendezvous, wenn es friedlich ausläuft und ohne den Eclat, den Sie in Ihrer Rolle als Judith sich davon versprachen, bringt Sie in Mißcredit bei Ihren Freunden! Ihre Partei wird Ihnen mißtrauen, wenn sie erfährt, daß Sie, nachdem Sie drei Stunden bei mir gewesen sind, mitten in der Nacht Schönbrunn verlassen haben, ohne daß man mich erdolcht auf meinem Lager gefunden hat. Ich kann Ihnen diese Demüthigung nicht ersparen, aber sie soll die einzige Strafe sein, die ich Ihnen auferlege. Sie bleiben hier!

Sire, lassen Sie mich fortgehen, rief Mariane, und ich schwöre Ihnen, daß ich niemals wieder wagen will, Ihnen zu nahen, ich schwöre, daß ich in irgend einem stillen Winkel in Zurückgezogenheit leben will, fern von dem Getreibe und der Bewegung der Welt.

Oh, die Welt würde es mir nie verzeihen können, wenn ich sie auf diese Weise ihrer schönsten Zierde beraubt hätte, sagte der Kaiser lächelnd. Sie sind zu schön, um im Dunkeln und in der Verborgenheit leben zu können. Sie werden mir jetzt drei Stunden schenken, und es steht Ihnen frei, die ganze übrige Zeit Ihres Lebens aller Welt zu sagen, daß Sie mich hassen, vorausgesetzt, daß man dann auch an Ihren Haß glauben mag!

Sie wollen mir also nicht gestatten, mich zu entfernen? fragte Mariane mit bebenden Lippen. Sie wollen, daß ich hier bleibe?

Nur drei Stunden, Madame, dann mögen Sie gehen! Lassen Sie uns diese Zeit benutzen und ehrlich und offen zu einander sprechen. Vergessen Sie, wo wir sind, denken Sie, wir wären zwei Partei-

häupter, die sich auf neutralem Boden begegneten und mit achtungs-
voller Offenheit einander die Wahrheit sagten, um dadurch vielleicht
den Frieden zu vermitteln. Nun also, sagen Sie ehrlich: Haffen
Sie mich wirklich so sehr, daß Sie hierher kommen wollten, mich zu
ermorden?

Sie fordern Wahrheit von mir, rief Mariane mit zornblitzenden
Augen, nun denn, Sie sollen sie von mir vernehmen! Ja, ich haffe
Sie, ich habe Ihnen damals in Paris, als Sie mich wie eine Verbrecherin transportiren ließen, glühenden und unversöhnlichen Haß geschworen, und treu meinem Schwur kam ich hierher, um ein Werk zu
vollbringen, welches für Deutschland, ja für die ganze Welt eine Wohl-
that sein würde. Ja, ich wollte Sie ermorden, ich wollte die Welt von
dem Tyrannen befreien, der sie in Ketten legen will. Ja, ich hatte
einen Dolch in meinem Busen verborgen, um gleich der Judith Sie zu
tödten. Wäre mein Werk gelungen, so würde die Welt mich gesegnet
und meinen Namen unter die Sterne erhoben haben, jetzt, da es miß-
lungen ist, wird man mich verhöhnen und verspotten. — Jetzt habe ich
Ihnen die Wahrheit gesagt und damit Sie nicht daran zweifeln, sehen
Sie hier den Dolch, der für Ihre Brust bestimmt war und den ich jetzt
zu Ihren Füßen niederschleudere als die Drachensaat, aus der einst für
unsere Sache bewaffnete Krieger hervorwachsen werden, um gegen Sie
zu kämpfen.

Sie zog den Dolch aus ihrem Busen hervor und warf ihn mit
einer wilden Bewegung zu Napoleons Füßen nieder. Sire, fragte
sie dann mit flehender Stimme, werden Sie mich noch nicht verhaften lassen?

Weshalb? fragte Napoleon. Worte, von schönen Frauenlippen
gesprochen, beleidigen niemals, und die Gedanken, welche noch nicht
Thaten geworden, strafe ich nicht! Ihre Hände sind rein von jeder
Schuld und der einzige Verbrecher, welcher sich hier befindet, ist dieser
Dolch. Ich trete ihn unter meine Füße und er hat nicht mehr die
Kraft, sich wider mich zu erheben!

Er setzte seinen Fuß auf die blinkende Mordwaffe und schaute die
Prinzessin mit durchbohrenden Blicken an. Madame, sagte er, als Sie

daß erſte Mal zu mir kamen, war es der Graf von Provence, welcher Sie ſandte. Damals ſchickte er mir durch Sie einen Brief. War er es, der mir heute durch Sie einen Dolch ſandte?

Nein, beim ewigen Gott, ſchwöre ich Ihnen, er weiß nichts davon, rief Mariane. Niemand wußte um mein Unternehmen, ich hatte keine Vertrauten und keine Mitſchuldigen.

Sie hatten nur Ihren eigenen Haß, Madame, ſagte Napoleon ſinnend. Weßhalb haſſen Sie mich denn eigentlich? Was habe ich Euch Allen gethan, daß Ihr Euch von mir wendet?

Weßhalb ich Sie haſſe? fragte Mariane glühend. Weil Sie ge-kommen ſind, Deutſchland in den Staub zu treten, es zu einer fran-zöſiſchen Provinz zu erniedrigen und uns um unſere Ehre, unſer Recht und unſere Selbſtſtändigkeit zu betrügen! Was Sie gethan haben, daß alle Gutgeſinnten ſich von Ihnen wenden? Sie haben Ihre heiligſten Schwüre verrathen, Sie ſind ein Meineidiger geworden.

Oh, das geht zu weit, rief Napoleon auffahrend. Was hindert mich denn —

Mich verhaften zu laſſen? unterbrach ihm Mariane mit trotzigem Stolz, thun Sie es doch! ·

Nein, ich werde Ihnen dieſen Gefallen nicht thun! Reden Sie weiter. Sie ſtehen mir gegenüber, als wären Sie die Germania ſelber, welche gekommen, mich anzuklagen! Nun wohl, klagen Sie mich an! Wann habe ich meine Schwüre verrathen?

Von dem Augenblick an, wo Sie die Fahne erhoben im Namen der Republik, welche Sie ſtürzen wollten, von dem Augenblick an, als Sie die Völker zu ſich riefen im Namen der Freiheit, um ſich über ihnen zu erheben, als ihr Thrann und ihr Unterdrücker!

Denen, welche uns die Despotie der Freiheit erhalten wollten, unter welcher Frankreich ſo lange geblutet und geſeufzt hatte, denen war ich ein Thrann, ſagte Napoleon gelaſſen, denen, welche den un-ſinnigen Gedanken hegten, die Bourbonen, unter welchen Frankreich nicht minder lange geblutet und geſeufzt hatte, wieder zurückführen, denen war ich ein Unterdrücker! Das Geſchlecht der Bourbonen hat ſich ausgelebt, es iſt wie eine ausgedrückte Citrone, deren welke Schaale man verächtlich bei Seite wirft, weil sie keinen Inhalt und keinen Saft mehr hat. Glaubte man wirklich, ich hätte ein solcher Thor sein sollen, die leere Schaale, welche Frankreich bei Seite geworfen, wieder aufzulesen und sie mit einem Purpurmantel und einer Krone zu bekleiden? Glaubte man, ich hätte, wie diese Bourbonen und wie alle legitimen Fürsten, nichts gelernt aus der Geschichte und mich nicht belehren lassen von den Beispielen, die sie allen Denen entgegen hält, welche Augen haben zu sehen? Ich habe aus der Geschichte gelernt, daß die Fürstenstämme vertrocknen, gleich den Baumstämmen, und daß es besser ist, den hohlen ausgetrockneten Stamm mit der Wurzel auszureißen, statt ihn noch langsam hinsiechend, dem Boden auf welchem er steht, seine letzten Kräften aussaugen zu lassen.

Sire, Sie reißen nicht bloß den ausgetrockneten Stamm aus, sondern mit der Art des Tyrannen beraubten Sie diesen Stamm auch seiner frischen, grünen Zweige, rief Mariane.

Ach, Sie meinen den Herzog von Enghien, sagte Napoleon gelassen. Es war ein Act der Politik, welchen ich nicht bereue. Die Bourbonen müssen endlich erkennen, daß sie von mir nichts zu hoffen haben, daß Frankreich sie aufgegeben und sich selber eine neue Zeit schaffen wollte. Ich stand an der Spitze dieser neuen Zeit, und ich mußte die Stelle würdig einnehmen, auf welche die Vorsehung mich gestellt hat. Sie hat mich erwählt zum Gründer einer neuen Dynastie, und ein Tag wird kommen, wo meine Familie die ersten Throne der Welt einnimmt. *)

Das heißt, Sie erklären allen Fürsten den Krieg, rief Mariane.

Den Fürsten, ja, sagte Napoleon, denn sie sind lauter überreife Früchte, welche nur auf die Hand warten, die sie abschütteln soll. Ich werde diese Hand sein, und sie werden vor mir zu Boden fallen, und ich werde über ihnen immer höher emporsteigen. Sie nennen mich einen Eroberer, aber wie könnte ich denn jetzt inne halten, mitten in meinem Werk? Wenn ich jetzt in meinen Eroberungen stille stände, und mein Schwert in die Scheide steckte, was würde ich dann für viele

---

*) Napoleons eigene Worte. Siehe: Le Normand II. 29.

Arbeit anders gewonnen haben, als ein bischen Ruhm, ohne mich dem Ziel meines Strebens genähert zu haben? Was nützt es mir, die Kriegsfackel über ganz Europa geschleudert zu haben, wenn ich mich nur damit begnügen wollte, Reiche umgestürzt zu haben, und nicht auf festen Grundlagen mein Reich aufzubauen mich beeilte? Es ist nicht die Geburt, welche Ansprüche auf die Unsterblichkeit verleiht! Der Mann, welcher Muth besitzt, welcher seinem Vaterlande gute Dienste leistet, und sich durch große Thaten verherrlicht, der Mann bedarf keiner Ahnen, denn er ist Alles durch sich selbst.*)

Aber in den Augen der Legitimen bleibt er immer ein Empor-lömmling, ein Parvenue, sagte Mariane achselzuckend.

Dann muß er alle Legitimen stürzen und vernichten, sagte Napo-leon rasch, damit eine neue legitime Dynastie sich erhebe, deren Be-gründer er ist. Ich bin der Mann des Schicksals, und ich werde mir eine neue Dynastie begründen, und eines Tages wird ganz Europa nur Ein Reich, Mein Reich sein! Ihr Alle, statt mich zu verwünschen, solltet mich mit Freuden begrüßen, und mich willkommen heißen, als Euren gottgesandten Befreier, der Euch erheben will aus Eurer Er-niedrigung und Eurer Schmach. Schaut doch nur um Euch, Ihr Deutschen, und seht, was Ihr an Euren Fürsten, und Euren Regie-rungen habt! Werdet Ihr regiert durch edle, hochsinnige Fürsten, stehen bedeutende und große Männer an der Spitze Eurer Regierungen? Ich sehe nur Unfähigkeit, Verworfenheit und Käuflichkeit überall in den deutschen Cabinetten! Das System der Protection herrscht da überall, die Stellen sind die Geschenke der Gunst, und nicht die Belohnung des Verdienstes; Intriguen und Bittgesuche führen Unbefähigte zu den ersten Würden des Staats, und die großen Geister, wenn deren existiren, werden in den Schatten zurückgeschoben. Die natürliche Folge davon ist, daß die Männer aufhören ihren Geist zu bilden, daß die Tugenden und die Talente, welche nicht mit einem gerechten Tribut des Ruhms belohnt werden, ihre Stärke und Begeisterung, ja sogar oft ihre Existenz verlieren. Wenn eine Nation nur unfähige Protegirte

---

*) Napoleons eigene Worte. Siehe: Le Normand: Mémoires II. 49.

und läufliche Intriguanten an der Spitze ihrer Abminiftrationen und ihrer Armeen fteht, wie foll fie da in Freudigkeit gedeihen, ihren Wohl-ftand vermehren und fich Siege erkämpfen! Wehe dem Volk, das fich von folchen Miniftern beherrfchen, und von folchen Generälen verthei-digen läßt, wie ich fie in Deutfchland überall gefunden. Als der Mann des Schickfals bin ich gekommen, ihm meine Hand, meinen Mund und mein Herz zu weihen, um es von fo lafterhaften Inftitu-tionen zu befreien und zu erlöfen von feiner fchmachvollen Kette!*)

Und ihm noch fchmachvollere umzufchmieden, rief Mariane mit zornblitzenden Augen, denn auf der Welt giebt es nicht Schmachvolleres, als wenn die Völker fich einem fremden Barbaren unterwerfen, und ihrem Ueberwinder demüthig die Füße küffen, ftatt ihn zu verjagen mit der Majeftät ihres Zorns. Wenn Sie, ein zweiter Attila, weiter fchreiten mit Ihrem würgenden Schwert, fo ift es um Europa ge-fchehen und alle Würde der Völker, alle Mittelpunkte wiffenfchaftlicher Bildung, alle Hoffnungen der Humanität find verloren! Denn die Völker können nur Großes leiften und Großes fchaffen, wenn fie felbft-ftändig find, und die Freiheit felbft kann ihnen nichts nützen, wenn fie fie als Gnadengefchenk ihres Eroberer hinnehmen follten!

Die Erde muß nur Einen Herrfcher haben, wie der Himmel nur Einen Gott hat, fagte Napoleon feierlich. Ich habe mein Werk erft begonnen, es ift noch nicht vollendet! Bis jetzt ift erft Frankreich, Italien, die Schweiz und Holland meinem Scepter unterworfen, aber mein Ziel geht weiter. Und wer will es mir wehren, wenn ich mich Weftphalens, der hanfeatifchen Städte und Roms bemächtige, wenn ich ferner die illyrifchen Provinzen, Hetrurien und Portugal mit Frankreich, vereinige? Ich weiß noch nicht, wo ich die Grenzen meines Reichs feftfetzen foll. Vielleicht wird es einft keine andern Grenzen als den weiten Raum der beiden Welttheile haben, vielleicht werde ich, gleich dem Americus Vespucins und dem Columbus, mir den Ruhm er-werben, mir noch einen dritten Welttheil entdeckt und erobert zu haben!**)

---

*) Napoleons eigene Worte. Le Normand II. 39.
**) Napoleons eigene Worte. Le Normand: Mémoires II. 69.

Und wenn Sie eine dritte neue Welt entdecken, rief Mariane, so wird es Gott vielleicht fügen, daß aus dieser neuen Welt der Rächer der beiden alten entstehe, und das er mit der Donnerstimme Jehovah's Ihnen zurufe: Hier sind die Grenzen Deines Reiches! Bis hierher und nicht weiter!

Ich würde aber nicht zurückweichen, sagte Napoleon lächelnd, sondern ich würde vorwärts schreiten, um mit dem Gottgesandten zu kämpfen um mein gutes Recht, denn auch ich bin ein Gottgesandter, ein auserlesener Sohn des Himmels, und wenn es für mich ein Mißgeschick giebt, so ist es nur dies, daß ich zu spät gekommen bin. Die Menschen sind zu aufgeklärt, oder zu nüchtern, es läßt sich daher nichts Großes mehr ausführen!

Ah, das sagen Sie, rief Mariane, Sie, dessen Schicksal ein so glänzendes und erhabenes ist? Sie, der Sie einst ein einfacher Artillerie=Officier waren, und jetzt als Kaiser auf einem mächtigen Thron bastehen?

Ja, sagte Napoleon leise, wie zu sich selber, ich gestehe es zu, meine Carrière ist glänzend genug gewesen, ich habe einen schönen Weg gemacht! Aber welcher Unterschied zwischen mir und den Heroen des Alterthums? Wie viel glücklicher war Alexander! Nachdem er Asien erobert hatte, erklärte er sich für den Sohn Jupiters, und der ganze Orient glaubte es ihm, mit Ausnahme des Olympias, der wohl wußte, woran er sich zu halten hatte, mit Ausnahme ferner des Aristoteles und einiger anderer athenienfischer Pedanten! Wenn ich aber, der ich mehr Eroberungen und Siege aufzuweisen habe, als Alexander, wenn ich mich heute für den Sohn des ewigen Vaters erklären, und ihm unter diesem Titel mein Dankopfer darbringen wollte, so würde es kein Fischweib geben, das nicht auf meinem Wege hinter mir herlachte. Die Völker sind zu aufgeklärt und zu nüchtern, es läßt sich nichts Großes mehr ausführen.*)

Es wird ein Tag kommen, Sire, wo die Völker aufstehen, und

---

*) Napoleons eigene Worte. Siehe: Mémoires Maréchal du Duc de Raguse. II. 243.

Ihnen beweisen werden, daß sie Großes ausführen und vollbringen können!

Und an diesem Tage werden sie mich in den Staub treten, nicht wahr? fragte Napoleon mit einem fast mitleidsvollen Lächeln. Hoffen Sie nicht zu viel auf diesen Tag, denn Ihre Hoffnung könnte Sie täuschen. Ich habe mich so frei und offen zu Ihnen ausgesprochen, fuhr er fort, indem er aufstand, weil ich wußte, daß, indem ich zu Ihnen rede, ich durch Sie zu den Auserwähltesten, Edelsten und Besten Ihrer Nation redete, und weil ich wünschte, von diesen verstanden und begriffen zu werden. Gehen Sie also hin und wiederholen Sie ihnen meine Worte, wiederholen Sie sie auch denen, welche vermeinen, daß ihnen der Thron gebühre, den ich mir aufgerichtet, und daß die Tricolore wieder eines Tages durch die Lilien verdrängt werden müßte. Gehen Sie hin, Madame, und sagen Sie diesen legitimistischen Schwär= mern, die Lilien seien so beschmutzt von dem Elend und dem Blut Frankreichs, daß Niemand sie dort wieder erkennen wolle, und daß Jeder vor ihrem Leichenduft und ihrer Verwesung zurückschaudere! Die Reiche und die Dynastien haben, wie die Blumen, Einen Tag der Blüthe; der Tag der Bourbonen ist vorüber, sie sind verwelkt und ab= gefallen! Sagen Sie das denen, welche sie einst gewiß und heute vielleicht zu mir gesandt haben. Wenn Sie ihnen dann ferner die Scene des heutigen Tages erzählen, so mögen sie freilich beklagen, daß das Schicksal Ihnen nicht gestattete, ein Judith zu sein, aber sie werden wenigstens zugestehen müssen, daß ich kein Holofernes bin! Denn obwohl das schönste Weib meiner Feinde in mein Lager kam, mich zu besuchen, hat sie mich doch nicht getödtet, und ihr Dolch liegt zu meinen Füßen! Ich werde ihn als Andenken bewahren, und der Groß=Marschall Duroc, und der Herr von Brandt, und mein Kammer= diener Constant, welche Sie im Vorzimmer erwarten, werden glauben, daß dieser Dolch ein Erinnerungspfand Ihrer Liebe und einer schönen Stunde meines Lebens ist. Wir wollen sie nicht enttäuschen! Leben Sie wohl, Madame!

Er ließ Marianen nicht Zeit zu einer Antwort, sondern nahm die filberne Handklingel und ſchellte ſo heftig und ſo laut, daß Conſtant ganz erſchrecken und ängſtlich in der Thür erſchien.

Conſtant, ſagte der Kaiſer, führe Madame zu ihrem Wagen, ſie wird nach Wien zurückkehren, und was den Herrn von Brandt anbe-trifft, ſo ſage ihm, die Prinzeſſin habe mir erlaubt, ihr Säckelmeiſter zu ſein, und ſtatt ihrer ihm die glücklichen Minuten unſers Zuſammen-ſeins zu bezahlen.

Sire, rief Mariane entſetzt, ſie wollen —

Still, unterbrach ſie der Kaiſer ſtolz, ich will der Frau Fortuna meinen Tribut abzahlen! Leben Sie wohl, Madame, und mögen Sie zuweilen dieſer Stunde gedenken.

Er winkte ihr lächelnd mit der Hand einen Abſchiedsgruß zu, und entfernte ſich dann durch die Thür, welche in ſein Schlafzimmer führte.

Mariane ſtarrte ihm nach mit einem Entſetzen, als habe ſie eben ein Geſpenſt vor ihren ſtaunenden Augen dahin wandeln ſehen, und als ſei ihr ganzes Leben gebannt in dieſen Blick, mit welchem ſie ihm nachſchauete.

Madame, ſagte Conſtant leiſe, wenn es Ihnen gefällig iſt! Und er näherte ſich der großen Ausgangsthür, welche er öffnete.

Mariane ſchrack bei ſeinen Worten zuſammen, als erwache ſie aus einem Traum; ſchweigend und ohne Conſtant nur eines Blickes zu würdigen, ſchritt ſie aus dem Gemach, und folgte ihrem lächelnden Führer durch die Säle. Im erſten Vorſaal ſtand der Groß-Marſchall Duroc und einige Generäle, welche die daher ſchreitende Prinzeſſin mit drohenden und zugleich ſpöttiſchen Blicken betrachteten. Mariane fühlte dieſe Blicke wie Dolchſpitzen, die ihre Seele verwundeten, und wie Dolchſpitzen traf es ihr Ohr, als ſie Conſtant zu dem Major von Brandt ſagen hörte: „Sie werden hier bleiben, mein Herr, denn der Kaiſer hat befohlen, daß Ihnen hier die Goldſtücke für die Stunden ausgezahlt werden, welche Se. Majeſtät in der Geſellſchaft der Prin-zeſſin zugebracht hat.“

Aber Mariane raffte ſich zuſammen mit der ganzen Energie ihres Stolzes, und hochaufgerichteten Hauptes, mit kaltem, unbeweglichem

Angeſicht ſchritt ſie weiter durch die Vorſäle dahin, die große Treppe hinunter, zu ihrem Wagen.

Nur als der Wagen durch die Nacht dahin rollte auf der Straße nach Wien zu, glaubte der Kutſcher trotz des Rollens der Räder lautes Weinen und Klagen zu vernehmen, das aus dem Innern der Kutſche zu ertönen ſchien. Aber ſicherlich hatte er ſich geirrt, denn als die Equipage in dem innern Hof ihres Hôtels anhielt, und die Lakaien herbeieilten den Schlag zu öffnen, ſtieg die Prinzeſſin ſtolz und ruhig, ſchön und ſtrahlend wie immer, aus dem Wagen, und ſchritt gleich-gültig und langſam die Treppe hinauf. Oben an der Treppe ſtand Madame Camilla, mit zitternden Lippen und bleichen Wangen einige Worte des Willkommens murmelnd. Mariane ſchien ſie gar nicht zu ſehen und ſchritt kalt und ſtolz den Corridor hinunter, der zu ihren Gemächern führte.

Die Dienerinnen, welche ſie in ihrem Toilettenzimmer empfingen, hieß ſie mit einem gebieteriſchen Wink ihrer Hand ſich ent-fernen, und als ſie das Zimmer verlaſſen hatten, ſchloß ſie hinter ihnen die Thür ab. Dann ging ſie raſchen Schrittes in das neben dem Toilettenzimmer befindliche Boudoir, und hier, wo ſie ſicher war, von Niemand geſehen, von Niemand belauſcht zu werden, hier ließ ſie die ſtolze Maske von ihrem Antlitz gleiten, und es all ihre Verzweif-lung verrathen. Mit einem lauten Schrei der Qual ſank ſie auf ihre Kniee nieder, und ihre Hände zum Himmel emporringend, rief ſie mit den Jammertönen des Schmerzes: oh, mein Gott, mein Gott, gieb, daß ich dieſer Schmach erliege! Habe Erbarmen mit mir, und laß mich ſterben! — Aber nach langen Stunden des Kämpfens und Ver-zweifeln, des Klagens und der Verwünſchungen, erhob ſich Mariane wieder von ihren Knieen mit trotzigem Stolz, mit ruhiger Energie.

Nein, murmelte ſie leiſe vor ſich hin, ich darf und ich will nicht ſterben! Das Leben hat noch Rechte an mich, und die geheime Ge-ſellſchaft, der ich mich als erſtes Mitglied angelobt habe, legt mir die Pflicht auf zu leben und zu arbeiten in ihrem Dienſt. Ich habe den Tyrannen nicht mit meinem Dolch treffen können, nun wohl, ſo müſſen wir verſuchen, ihn mit Nadelſtichen nach und nach zu tödten. Ein solcher Nadelstich ist die Schrift, welche Gentz mir übergeben hat, daß ich für ihre Veröffentlichung sorge, und sie an das Licht der Welt fördere. Irgendwo wird sich doch eine Druckerei finden, welche ihre Lettern für dies Manuscript hergiebt; ich werde sie suchen und ihr die Lettern mit Gold aufwiegen!

In der Frühe des nächsten Morgens stand der Reisewagen der Prinzessin bereit, und Mariane im vollen Reisecostüm schickte sich an, abzureisen. Sie hatte die ganze Nacht mit Vorbereitungen, mit dem Ordnen ihrer Angelegenheiten und ihrer Häuslichkeit hingebracht. Jetzt war Alles fertig, Alles geordnet und bereit, und nunmehr im Begriff, die Treppe hinunter zu gehen, wandte sich die Prinzessin zu Madame Camilla, welche demüthig ihr folgte.

Madame, sagte sie kalt und ruhig, Sie werden die Güte haben, in dieser Stunde noch mein Haus zu verlassen, um Ihr Tagebuch anderswo zu schreiben. Der französische Commandant von Wien wird Ihnen vielleicht bei seinen Mouchards eine Stelle anweisen, gehen Sie also zu ihm, und wagen Sie es nie wieder, mein Haus zu betreten. Mein Haushofmeister hat meine Befehle erhalten, er wird Ihnen Ihre Gage auszahlen, und dafür sorgen, daß Sie in einer Stunde das Hôtel verlassen haben. Adieu!

Sie schritt, ohne Madame Camilla eines Blickes zu würdigen, ruhig und stolz die Treppe hinunter und stieg in ihren Wagen, der mit donnerndem Geräusch aus dem hohen Portal des Hôtels dahin rollte.

VIII.

Das Ende des deutschen Reichs.

Der Frieden von Preßburg war geschlossen und hatte Oesterreich seiner schönsten Provinzen beraubt.

Das Schutz- und Trutzbündniß zwischen Preußen und Frankreich war unterzeichnet und hatte Preußen des Fürstenthums Cleve und Berg und des Fürstenthums Neufchatel beraubt.

Deutschland hätte also im Beginn des Jahres 1806 wohl Grund gehabt zur Trauer und zur Wehklage, denn seine Fürsten waren gebemüthigt und in den Staub getreten, seine Völker trugen mit ihren Fürsten die Schmach der Erniedrigung und der Abhängigkeit!

Aber Deutschland schien doch freudenvoll und glücklich und überall feierte man Feste, — Feste zu Ehren des Kaisers Napoleon und seiner Familie, Feste der Liebe und des Glückes!

Nach dem Siege, den Napoleon bei Austerlitz über die beiden Kaiser errungen, nach dem Frieden von Preßburg und dem Bündniß mit Preußen, schien jetzt alle Gelegenheit eines Krieges mit Deutschland beendet und Napoleon legte sein Schwert aus der Hand, um im Schooße seiner Familie auszuruhen auf seinen Lorbeeren, und statt der Staaten Ehen zu stiften, Ehen, welche das Band der Liebe und Freundschaft zwischen Frankreich und Deutschland immer fester knüpfen und ganz Deutschland zum ergebenen Schwiegersohn und Vasallen vom Kaiser von Frankreich machen sollten!

In München erklangen sie zuerst, die Hochzeitsglocken, welche Napoleon zum Schwiegervater eines deutschen Fürstenhauses machten. In München vermählte sich zu Anfang des Jahres 1806 Eugène Beauharnais, Napoleons Adoptiv-Sohn, der schönen, und edlen Prinzessin Amalie von Baiern, der Tochter des Churfürsten Maximilian, der sich jetzt durch die Gnade Napoleons zum König von Baiern erhoben sah, wie Eugène sich durch die Gnade Napoleons Vicekönig von Italien nennen durfte.

Ganz Baiern jubelte vor Entzücken über dieses neue, beglückende Band, welches das deutsche Land mit Frankreich vereinte, ganz Baiern fühlte sich geehrt und glücklich dadurch, daß der Kaiser Napoleon mit seiner Gemahlin Josephine selber nach München kam, um den Hochzeitsfeierlichkeiten beizuwohnen. Feste folgten sich in München auf Feste, man sah da nur glückliche Gesichter, man hörte Jubeln und Lachen und fröhliche Scherze, und wenn Napoleon nur durch die Straßen daher kam, oder sich auf dem Balcon des Schlosses zeigte, so empfing ihn unermeßlicher Jubel des Volks, und es schwenkte jauchzend seine Hüte empor zu dem Kaiser, nicht eingedenk, wie viel Blut und wie viel Thränen er jetzt eben wieder einem deutschen Lande gekostet habe.

Die Hochzeitsglocken waren kaum in München verstummt, so begannen sie in Carlsruhe zu läuten, denn wieder wollte sich Napoleon zum Schwiegervater eines deutschen Fürstenhauses machen und die Nichte Josephinens, Stephanie von Beauharnais, welche auch der Kaiser zu seiner Adoptivtochter erhob, vermählte sich dem Churfürsten von Baden, der jetzt durch die Gnade Napoleons zum Großherzog von Baden sich erhoben sah.

Und in dieses doppelte Hochzeitsgeläute, das in München und Carlsruhe ertönte, mischten sich bald die Feier- und Festglocken, welche Deutschland das Entstehen eines neuen Fürstenhauses in Deutschlands Grenzen verkündeten und den Schwager des Kaisers von Frankreich zum Herrn und Herrscher eines deutschen Landes erhoben. Diese Feierglocken ertönten in Cleve und Berg und huldigten dem neuen Herrscher Joachim Murat, der durch die Gnade Napoleons zum Großherzog von Berg erhoben worden. Preußen und Baiern hatten das Zeug liefern müssen zu diesem neuen Fürstenmantel, Preußen hatte die größere Hälfte, das Herzogthum Cleve, gegeben, und Baiern hatte, dankbar für so viel empfangene Huld, demselben noch das Fürstenthum Berg hinzugefügt, so daß aus diesen zwei deutschen Landen sich wohl ein Großherzogthum für den Sohn des französischen Gastwirths, für Joachim Murat, den Schwager des französischen Kaisers aufrichten ließ.

Und als die Freudenklänge in München, Carlsruhe und dem neuen Großherzogthum Berg im Verklingen waren, da rauschten und jubelten sie schon wieder in Stuttgart auf, denn dort feierte man die Verlobung Jerome's, des jüngsten Bruders Napoleons, mit einer Tochter des Churfürsten von Württemberg, der jetzt durch die Gnade Napoleons zum König von Württemberg erhoben war. Freilich trug Jerome, der Bruder des Kaisers, noch keine Krone, freilich war dieser jüngste Sohn des Advocaten von Corsika bis jetzt weiter nichts als „kaiserlicher Prinz von Frankreich," aber sein königlicher Schwiegervater von Württemberg hegte dennoch zu seinem Bruder Napoleon die frohe Zuversicht, daß er dem Mann seiner Tochter eine standesgemäße Mitgift geben und ihm irgend eine vacante oder neugeschaffene Krone auf das Haupt setzen werde. Hatte doch Napoleon soeben erst seinen ältern Bruder Joseph mit einer solchen ausgestattet und ihn zum König von Neapel erhoben, nachdem er feierlich vor ganz Europa in einem Manifest erklärt hatte: „Die Dynastie von Neapel habe aufgehört zu regieren und das schönste Land der Erde solle endlich befreit werden von dem Joch der treulosesten Menschen." — Und treu seinem Wort hatte Napoleon die Dynastie von Neapel gestürzt, den König Ferdinand und die Königin Caroline vertrieben und seinen Bruder Joseph auf den Thron von Neapel erhoben.*)

Der König von Württemberg zagte also nicht, er war gewiß, daß Napoleon auch für seinen Bruder Jerome irgendwo eine passende Königskrone entdecken und der Tochter des ältesten deutschen Fürstenhauses eine der Ehre ihres Hauses würdige Stellung geben würde.

Aber nicht blos in Deutschland erklangen die Festesglocken der Freude, sie tönten auch herüber von den Grenzen Hollands, das jetzt durch die Gnade Napoleons zu einem Königreich erhoben worden, und dem wiederum durch die Gnade Napoleons ein König geschenkt worden in der Person Ludwig's, eines zweiten Bruders des Kaisers von Frankreich; sie tönten auch herüber von Italien, wo in diesem kronenreichen und glücklichen Jahr 1806 an einem Tage, am 30. März 1806, plötzlich zwölf Herzogthümer aus dem Erbboden hervorwuchsen und den Freunden und Kriegsgefährten zwölf Herzogskronen auf das Haupt setzten.

Das Jahr 1806 war also ein gesegnetes nnd glückliches Jahr; überall Freude und Glück, und Napoleon der Schöpfer aller dieser Herrlichkeit.

---

*) Napoleon belohnte außerdem auch seine Kriegsgefährten und Minister mit Herzogthümern, die er für sie in Italien schuf, und deren reiche Einkünfte ihnen zufielen. So ward Marmont Herzog von Ragusa, Mortier Herzog von Trevise, Bessières Herzog von Istrien, Savary Herzog von Rovigo, Lannes Herzog von Montebello, Bernadotte Herzog von Pontecorvo, Talleyrand Herzog von Benevent, Fouché Herzog von Otranto, Maret Herzog von Bassano, Soult Herzog von Dalmatien, Berthier Herzog von Neufchatel, Duroc Herzog von Friaul. rc.

Und dennoch gab es im deutschen Reich eine Stadt, die, trotz aller dieser neuen Herrlichkeit und Feste, ein ernstes und düsteres Ansehen sich bewahrte, die gar nicht Theil zu nehmen schien an der allgemeinen Freude, sondern in trüber aschgrauer Stille so weiter lebte, wie sie schon seit Jahrhunderten gelebt hatte.

Diese Stadt war das uralte Regensburg, der Sitz des deutschen Reichstages, und jetzt das Eigenthum und die Residenz des Reichserzkanzlers von Deutschland, Freiherrn von Dalberg.

Seit Jahrhunderten hatte Regensburg die stolze Ehre genossen, daß in seinem großen alterthümlichen Rathhause die Gesandten aller deutschen Staaten sich versammelten, um über das Wohl Deutschlands sich zu berathen. Aus den hohen Bogenfenstern des großen Sitzungssaales flatterten die neugeschaffenen Gesetze durch ganz Deutschland hin, und was die Herren zu Regensburg geschaffen, das mußte ganz Deutschland willig hinnehmen, und dem mußten die Fürsten und Völker sich beugen.

Und wie vor hundert und aberhundert Jahren, tagten sie auch jetzt noch immer zu Regensburg, die Gesandten vom Kaiser und den Königen, von den Herzögen, Churfürsten, freien Städten und den Reichsgräflichen und Freiherrlichen Standesherren Deutschlands. Im alten Rathhaussaal saßen sie täglich beisammen, die Länder Oesterreich, Preußen, Baiern, Hannover, Württemberg, Baden, Hessen, Darmstadt, Mecklenburg, Braunschweig, und wie sie sonst noch alle heißen mochten die einzelnen Glieder des großen deutschen Reichs.

Sie saßen beisammen, — aber sie beriethen nicht mehr, sondern sie riethen, — sie riethen, welches wohl das Loos Deutschlands sein werde, wie lange sie wohl noch hier sitzen würden in trüber Unthätigkeit, und wann es dem neuen Beschützer Deutschlands, dem Kaiser von Frankreich, wohl endlich gefallen werde, sich ihrer zu erinnern, und ihnen zuzurufen: „Geht nach Hause, Ihr Herren, denn Eure Zeit ist um. Der deutsche Reichstag hat aufgehört zu existiren, und ich will Deutschland befreien von dieser Last."

Aber sowohl der Kaiser von Frankreich, als auch die deutschen Fürsten schienen gar nicht mehr eingedenk zu sein des deutschen Reichstages, der zu Regensburg im uralten Rathhaus tagte, und der sonst alle Verträge, alle Friedensschlusse, alle Gebietsabtretungen und Ver= änderungen durch seine Zustimmung hatte sanctioniren müssen, damit sie Anerkennung fänden und zu Recht beständen im deutschen Reich.

Jetzt hatte der Kaiser von Deutschland es nicht einmal für nöthig erachtet, dem deutschen Reichstag zu Regensburg den mit Napoleon abgeschlossenen Preßburger Frieden zur Saction vorzulegen, sondern er hatte sich begnügt, dem Reichstag anzuzeigen, daß dieser Frieden geschlossen sei. Ebenso hatten desselben Tages die Gesandten von Baiern und Württemberg sich von ihren Lehnsesseln erhoben, um dem Reichstag anzuzeigen, daß sie jetzt nicht mehr die Vertreter von Chur= fürsten, sondern von Königen seien, denn Baiern und Württemberg hätten mit Zustimmung des Kaisers von Frankreich den Königstitel angenommen; und als diese Beiden schwiegen, erhob sich der Gesandte des Churfürsten von Baden, um zu erklären, daß auch er nicht mehr ein Churfürstenthum, sondern ein Großherzogthum vertrete, denn der Churfürst von Baden habe mit Zustimmung des Kaisers von Frankreich den Titel eines Großherzogs angenommen.

Der tagende Reichstag hatte diese Benachrichtigung ohne Wider= spruch schweigend entgegen genommen; er hatte auch geschwiegen, als einige Tage später der französische Gesandte Bacher im Rathhaussaal erschien und die Anzeige machte, daß Murat als Herzog von Cleve und Berg in den deutschen Reichsverband eintrete. Nur ganz leise und in der Stille hatte Jeder sich gefragt, wie es denn komme, daß das neue Reichsmitglied nicht sich beeile, von seinen Rechten Gebrauch zu machen, und am Reichstag zu Regensburg Sitz und Stimme ein= zunehmen?

Der Reichstag, wie gesagt, schwieg zu allen diesen Dingen, und warum hätte er sprechen sollen? Was half es ihm, wer achtete noch auf seine Stimme, wer beugte sich noch vor seinem Namen?

Nur zum Schein, nur um leise mit einander sich zu berathen über ihr eigenes Mißgeschick, über ihre Ohnmacht und Schwäche, kamen die Gesandten der deutschen Fürsten und Städte noch zusammen, und statt, wie sonst, Deutschland Gesetze zu geben, theilten sie einander ihre Ver=

muthungen mit, über das Loos, welches Deutſchland und dem beutſchen Reichstag zu Regensburg aufbehalten ſein möchte.

Auch heute wieder waren die Herren im großen Rathsſaal verſammelt, und all die deuſchen Länder, welche da braußen ſich einander befehbeten und zankten, welche neibiſch ſich bewachten und beobachteten, alle die deutſchen Länder ſaßen hier frieblich beiſammen um den großen grünen Tiſch, und plauderten mit einander über das, was da braußen geſchehen ſei im deutſchen Reich, und was ferner noch geſchehen werde.

Haben Sie ſchon die neuen Flugſchriften geleſen, welche jetzt ſo viel Aufſehen machen? fragte Preußen das neben ihm ſitzende Sachſen.

Nein, ich leſe niemals Flugſchriften, erwiderte Sachſen.

Dieſe aber ſind der Mühe werth zu leſen, ſagte Preußen lächelnd. Denn es iſt barin eine abgeſchmacte Idee mit großer Berebtſamkeit und Begeiſterung behandelt. Denken Sie nur, es wird barin alles Ernſtes der Vorſchlag gemacht, es möge ſich das deutſche Reich jetzt, da Oeſterreichs Macht gebrochen ſei, unter den Schutz Baierns begeben und den neugebackenen Baiernkönig zum Oberhaupt Deutſchlands annehmen.

Der Einfall iſt ſo übel nicht, ſagte Sachſen lächelnd, Baiern iſt eins der älteſten Fürſtenhäuſer Deutſchlands, und jetzt boppelt mächtig, da es der Freundſchaft und Gunſt des Kaiſers von Frankreich ſich rühmen kann. Der Kaiſer Napoleon möchte am Ende nichts dagegen einzuwenden haben, wenn Baiern zum beutſchen Kaiſer ausgerufen würde.

Nicht doch, flüſterte Braunſchweig, Sachſens Nachbar zur Linken, ich habe geſtern neue authentiſche Nachrichten erhalten. Der Kaiſer Napoleon will das römiſch beutſche Kaiſerthum des Mittelalters völlig wiederherſtellen, und er ſelber will für Deutſchland die beutſche Kaiſerwürde annehmen.*)

Wie? rief Heſſen, welches die halblauten Worte gehört hatte. Der Kaiſer Napoleon will ſich zum Kaiſer von Deutſchland machen? Und in ſeiner Ueberraſchung hatte Heſſen ſo laut geſprochen, baß der ganze Reichstag ſeine Worte vernommen hatte, und jetzt wiederholte

---

*) Häuſſer, Deutſche Geſchichte II. 721.

man hier und dort ſtaunend, verwundert dieſe Frage, und alle Geſichter wurden ernſt und feierlich.

Sie können glauben, es iſt ſo, ſagt: Baiern ziemlich vernehmlich, es ſtehen uns wichtige Veränderungen bevor, und ich weiß aus beſter Quelle, daß der Miniſter Talleyrand neulich ganz laut und beſtimmt geſagt hat: bis gegen Ende dieſes Monats werde das Schickſal des deutſchen Reichs beſtimmt entſchieden ſein.*)

Und wir ſchreiben heute ſchon den drei und zwanzigſten Mai, ſagte Oldenburg ſinnend, wir können alſo der Entſcheidung ſtündlich entgegen ſehen.

Ja, das können wir, rief Würzburg, ich weiß gewiß, daß man in Paris ſchon mit der Ausarbeitung einer neuen Verfaſſung für Deutſchland beſchäftigt iſt.

Vielleicht wäre es gut, ſagte ſein Nachbar, wenn auch wir uns damit beſchäftigten, eine neue Verfaſſung für Deutſchland auszuarbeiten und ſie dann dem Miniſter Talleyrand zuſenden, da wir jedenfalls doch die Gewohnheiten und Bedürfniſſe des deutſchen Reichs beſſer kennen, als die franzöſiſchen Staatsmänner. Wir ſollten uns hierüber mit dem Erzkanzler von Dalberg berathen. Aber wo iſt Se. Churfürſtliche Gnaden? Wo iſt Dalberg?

Ja, es iſt wahr, der Reichserzkanzler iſt noch nicht erſchienen, rief Oldenburg verwundert. Wo mag er ſein? Wo iſt Dalberg?

Und leiſe flüſternd rauſchte jetzt die Frage von Mund zu Mund: wo iſt Dalberg?

Einſt in den ſchönen und großen Zeiten des Deutſchen Reiches war es der Deutſche Kaiſer geweſen, welcher allemal beim Beginn des Reichstages mit lauter Stimme gefragt hatte: „iſt kein Dalberg da?“ Und auf ſeine Frage waren die Dalberg's hervorgetreten und hatten ſich um den Thron des Kaiſers geſtellt, immer bereit Großes zu unternehmen, Kühnes auszuführen.

Jetzt war es nicht der Kaiſer, welcher ſeinen Dalberg rief, ſondern der Reichstag, welcher ſeinen Namen flüſterte.

---

*) Häuſſer: Deutſche Geſchichte. II. 723.

Und es schien, als habe der Gerufene dieses Geflüster vernommen, denn die hohen Pforten des alten Rathhaussaales öffneten sich, und der Reichserzkanzler Freiherr von Dalberg trat ein.

Im vollen Ornat seiner Würde schritt er in den Saal und näherte sich seinem Sitz am grünen Tisch. Aber statt sich auf dem hochlehnigen, geschnitzten Lehnstuhl niederzulassen, blieb er stehen, und ließ seine Augen begrüßend an all diesen ernsten, trüben Gesichtern, welche ihm zugewandt waren, vorüber gleiten.

Ich bitte den erhabenen Reichstag, mir zu erlauben, daß ich ihm eine Mittheilung machen darf, sagte der Reichserzkanzler mit einer leichten Verneigung gegen die Versammlung.

Die ernsten Gesichter des Reichstags nickten Gewährung, und Dalberg fuhr mit erhöheter Stimme fort: Ich habe dem Reichstag zu eröffnen, daß, da ich mein Alter herannahen und meine Kräfte schwinden fühle, ich es zum Wohl Deutschlands und meiner Person unerläßlich erachtet habe, mir schon jetzt bei meinen Lebzeiten einen Nachfolger und meinem nahenden Alter einen Mitregenten zu erwählen. Nachdem ich lange unter den Edlen und Würdigen, welche in so reicher Zahl mich umgeben, mich umgeschaut, habe ich endlich meine Wahl getroffen, und meine durch die Zeitumstände gerechtfertigte Entschließung gefaßt. Der Nachfolger, den ich mir erwähle, ist ein edler und würdiger Mann, dessen Geschlechtsvorfahren sich schon zeitig im funfzehnten und sechszehnten Jahrhundert in öffentlichen Diensten Deutscher Lande ausgezeichnet haben.*) Es ist der Erzbischof und Cardinal Fesch, der Oheim des Kaisers von Frankreich.

Eine lange peinliche Stille trat ein; wie erstarrt vor Schreck und Ueberraschung blickten die Reichstagsmitglieder hin auf diesen Mann, der, selber ein deutscher Fürst, es wagte, dem deutschen Reichstag zu erklären, er habe einen Fremden, einen Ausländer gerufen, um mit ihm die hohe Würde eines ersten deutschen Churfürsten zu theilen und nach seinem Tode sie zu erben.

Vielleicht las Dalberg in den düstern Mienen der Herren die Ge-

---

*) Des Reichserzkanzlers von Dalberg eigene Worte. Häusser. II. 725.

banken, die sie nicht auszusprechen wagten, denn er beeilte sich, dem Reichstag seine Rechtfertigungsgründe über die getroffene Wahl mitzutheilen. Er sagte ihnen, er habe so gehandelt, nicht in seinem eigenen Interesse, sondern um die bedrohete Reichsverfassung zu erhalten und sie unter Napoleons mächtigen Schutz zu stellen. Er theilte ihnen alsdann freudevoll mit, daß der Kaiser der Franzosen bereits die Wahl seines Oheims, des Cardinals Fesch, gebilligt habe, und daß der Kaiser ihm außerdem versprochen habe, er werde sich mit der Neugestaltung und Reorganisation des Deutschen Reichs selber beschäftigen, und demselben allzeit seinen Schutz gewähren.

Die Reichstagsmitglieder hatten ihm schweigend zugehört, ihre Mienen waren immer düsterer, immer mißvergnügter geworden, und als der Churfürst schwieg, ward auch nicht Eine Stimme gehört, welche ihm den Dank votirt hätte, den Dalberg zum Schluß seiner Rede von seinen Mitständen für seine Wahl beantragte, sondern nur ein tiefes, unheilvolles Schweigen folgte seiner Rede.

Dieses Schweigen war indeß die einzige officielle Demonstration, welche der deutsche Reichstag gegen die Wahl des Cardinals Fesch zum dereinstigen Reichserzkanzler von Deutschland zu unternehmen wagte, und dieses Schweigen hinderte das unerhörte Ereigniß nicht! Ein Fremder, der nicht einmal der deutschen Sprache mächtig war, ward also jetzt Coadjutor des Reichserzkanzlers von Deutschland, ein Ausländer ward Decan des deutschen Churfürstenrathes, ein Ausländer sollte die Siegel des Reiches in Händen haben, die Gesetze des Reiches bewahren, die Kaiserwahlen und die Reichstage leiten! Und dieser Ausländer war der Oheim des Kaisers der Franzosen, des Welteroberers! Aber der deutsche Reichstag schwieg und duldete weiter.

Immer drohendere Wolken stiegen am Horizont Deutschlands empor, — der Reichstag tagte ruhig, still und unhörbar weiter im Rathhaussaal zu Regensburg.

Immer lauter ertönte das Wort: der Kaiser von Frankreich will dem Deutschen Reich eine neue Gestaltung geben, und der Kaiser von Deutschland hat in dem Frieden von Preßburg sich verpflichtet, dieser Neugestaltung keinen Widerstand entgegen zu setzen.

Der Reichstag achtete nicht auf dieses Wort, — er tagte und schwieg ruhig weiter.

Er tagte weiter, indeß die kleineren deutschen Fürsten, deren Gesandte in Regensburg saßen, in Person nach Paris eilten, um dort im Vorzimmer des Kaisers und des Ministers Talleyrand als demüthige Bittsteller zu erscheinen, und um die Gunst des französischen Kaisers und seines Ministers zu buhlen. Diese Gunst sollte ihnen Kronen und Länder verleihen, diese Gunst sollte sie mächtig machen und stark, sie sollte ihnen eine glänzende Stellung bereiten. Denn Talleyrand hatte es heimlich Jedem von ihnen in's Ohr geflüstert: „Diejenigen, welche sich gegen die Pläne des Kaisers auflehnen und seine Gunst nicht annehmen, seine Pläne nicht unterstützen wollen, sollen mediatisirt werden!" — Jeder von diesen kleinen deutschen Fürsten hoffte daher, daß die Andern mediatisirt werden würden, und daß Er das Land seines Nachbars als Beute davon tragen würde. Jeder war also beeifert, für sich selber seine Ergebenheit in den Willen des Kaisers zu betheuern, und für sich selber durch Schmeicheleien, Bestechungen und demüthiges Flehen so viel Vortheile zu erlangen, als irgend möglich sei. Es schien, als ob zu Paris in den Vorzimmern des Kaisers und seines Ministers Talleyrand eine Marktbude eröffnet sei, in der man um deutsches Land und deutsche Kronen Würfel spielte, oder sie verschacherte in einer Auction, wo derjenige am Meisten erhielt, welcher am Meisten bot!*)

---

*) Die Bestechungen, welche man anwandte, um sich die hohen Beamten des französischen Kaiserreichs geneigt zu machen, um durch sie vor der Mediatisirung bewahrt zu werden, und möglichst viel Zusatz an Macht und Land zu erlangen, waren ungeheuer. Die Trinkgelder und diplomatischen Geschenke wurden nicht einmal im Geheimen ausgetheilt, sondern ganz öffentlich, wie Börsengeschäfte, betrieb man diese Sachen. Jedermann wußte, daß einer der französischen Minister sich von dem Fürsten von Salm-Kryburg um einen ungeheuren Preis zweimalhunderttausend Flaschen Champagner hatte ablaufen lassen, daß Labesnardière, der erste Beamte in Talleyrand's Ministerium, von Hessen-Darmstadt eine halbe Million Franken erhalten habe, und daß der Herzog von Mecklenburg ihm einhundert und zwanzigtausend Friedrichsd'or zugesichert habe,

Der Reichstag hörte wie aus weiter unermeßlicher Ferne von allen diesen Dingen, und er tagte ruhig weiter.

Er tagte, und wartete.

Und endlich am ersten August 1806 öffneten sich die hohen Pforten des Rathhaussaales, in welchem die Abgesandten des deutschen Reichs versammelt waren, und der Abgesandte des französischen Kaisers erschien in ihrer Mitte, und trat mit feierlichem Ernst heran zu dem grünen Tisch, auf welchem bis dahin nur Deutschland ein Recht gehabt, seine Noten und Erklärungen niederzulegen, und an welchem bis jetzt nur der deutsche Reichstag für Deutschland Gesetze geschrieben hatte.

Der französische Abgesandte Bacher aber kam, dem deutschen Reichstag ein neues Gesetz aufzubringen. Das Gesetz des französischen Kaisers.

Mit feierlicher Stimme sprach der Bote des französischen Kaisers zum deutschen Reichstag, und die weiten Hallen des Rathhaussaales zu Regensburg tönten wieder von dieser lauter gebieterischen Stimme des Fremden, der die Geister begrabener Jahrhunderte zu wecken schien, daß sie sich aus ihrem Grabe erhöben, und wie eine graue Nebelwolke sich schützend ausbreiteten über dem bedroheten Reichstag.

„Die deutsche Verfassung, sagte der Abgesandte Frankreichs, die deutsche Verfassung ist nur noch ein Schatten; der Reichstag hat aufgehört einen eigenen Willen zu haben, Se. Majestät der Kaiser von Frankreich und König von Italien ist daher genöthigt, die Existenz dieser deutschen Verfassung nicht mehr anzuerkennen; es wird unter seinem Schutz ein neuer Bund deutscher Fürsten sich bilden, und Se. Majestät wird den Titel als Protector des Rheinbundes annehmen. Um den Frieden zu erhalten, hat er früher erklärt, daß er niemals die Grenzen Frankreichs bis über den Rhein hinausschieben wollte, und er hat getreulich Wort gehalten."*)

---

wenn ihm seine Selbstständigkeit erhalten bliebe. Siehe: Montgaillard Histoire de France. Vol. X. 115.

*) Mémoires d'un homme d'état. IX. 160.

Und nachdem Bacher also gesprochen, erhoben sich in den Reihen des Reichstags sechszehn Herren von ihren Sitzen, zwölf Fürsten und vier Churfürsten. Der erste der deutschen Churfürsten, der Reichserzkanzler Carl Theodor von Dalberg, war ihr Sprecher, und im Namen seiner funfzehn Genossen erklärte er dem Reichstag ihre Absichten und Meinungen.

„Die letzten drei Kriege haben es bewiesen, rief er, daß der deutsche Reichsverband verfault und vernichtet ist, deßhalb wollen wir deutsche Fürsten des Südens und Westens von Deutschland auf die Zusammengehörigkeit mit einer Verfassung, die aufgehört zu sein, verzichten, und uns der Protection des Kaisers der Franzosen versichern, dem das Wohl und das Gedeihen des teutschen Reichs innig am Herzen liegt. Wir haben unter uns einen Bund gebildet, und der Kaiser der Franzosen wird das Haupt und der Beschützer dieses Bundes sein, der sich der Rheinbund nennt. Feierlich und für alle Zeiten sagen wir Fürsten des deutschen Rheinbundes uns los von dem deutschen Reich und dem deutschen Reichstag, Niemand mehr als Herrn und Beschützer anerkennend als den Kaiser der Franzosen."

Ja, wir sagen uns los vom deutschen Reich und vom deutschen Reichstag, riefen die sechszehn Fürsten wie mit Einem Athem und mit einem Munde. Wir sagen uns los von ihm für ewig und für alle Zeiten!

Und mit lautem Geräusch schoben sie die hochlehnigen Armstühle bei Seite, auf denen die Vertreter ihrer Lande seit Jahrhunderten gesessen, und schritten in feierlichem Zug, unter Vortritt des Reichserzkanzlers, hinaus aus dem Rathhaussaal.*)

In tiefem Schweigen schauten die zurückbleibenden Reichstagsmitglieder ihnen nach, und wie die Thür hinter den Enteilenden, hinter den Fürsten des Rheinbundes, sich dröhnend schloß, da war es, als ginge

---

*) Die Mitglieder des Rheinbundes waren: Baiern, Württemberg, Baden, der Erzkanzler mit seinem Gebiet, Berg, Hessen-Darmstadt, Nassau-Weilburg, Nassau-Usingen, Hohenzollern-Hechingen, Hohenzollern-Sigmaringen, Salm-Salm, Salm-Kyrburg, Isenburg, Aremberg, Liechtenstein und die Grafschaft von der Leyen.

ein Rauschen und Flüstern durch den alten Sitzungssaal, und als vernähme man von den Wänden her, wo die alten Kaiserbilder hingen, leises Seufzen und Wehklagen.

Den zurückgebliebenen Reichstagsmitgliedern ward es unheimlich zu Muthe, es graute ihnen vor den sechszehn leeren Stühlen, sie erhoben sich still von ihren Sitzen, und verließen mit eiligen Schritten den Saal.

Aber am andern Tage hielt der deutsche Reichstag doch wieder Sitzung. Man wollte jetzt überlegen und berathschlagen, was zu thun sei, und wie der deutsche Reichstag sich zu benehmen habe bei der Desertion von sechszehn seiner Mitglieder!

Und sie überlegten und berathschlagten sechs Tage lang, ohne zu einem Entschluß zu gelangen. Aber am sechsten Tage ward ihren Berathschlagungen ein Ende gemacht.

Am sechsten August erschien im alten Rathhaussaal zu Regensburg, wo eben wieder der Reichsrath Sitzung hielt, ein besonderer Abgesandter des Kaisers von Deutschland.

Er trat zu dem grünen Tisch und grüßte die kleine verwaisete Reichstags-Versammlung, und ein großes, mit dem kaiserlichen Handsiegel versehenes Schreiben hervorziehend, sagte er laut und feierlich: Im Namen des Kaisers!

Und die Reichstragsmitglieder erhoben sich von ihren Sitzen, um ehrerbietig die Botschaft des Kaisers zu empfangen, die Botschaft, die er in einem eigenhändigen Schreiben dem deutschen Reichstag kund thun wollte. Mit der Vorlesung dieses Schreibens hatte er seinen Gesandten beauftragt, und mit erhobener Stimme las dieser jetzt:

„Da Wir Uns von der Unmöglichkeit überzeugt haben, länger Unsere kaiserlichen Rechte auszuüben, erachten Wir es für unsere Pflicht, einer Krone zu entsagen, die für Uns nur so lange Werth hatte, als Wir des Vertrauens der Churfürsten, Fürsten und der andern Standesherren und Staaten des deutschen Reichs Uns erfreuten, und als Wir die Pflichten, welche sie Uns auferlegten, erfüllen konnten. Deshalb müssen Wir jetzt durch diese Acte feierlich erklären, daß Wir, da Wir die Bande, welche uns an das deutsche Reich fesselten, durch den

Rheinbund als zerrissen betrachten müssen, die deutsche Kaiserkrone hiermit abdanken; zu gleicher Zeit entbinden Wir durch Dieses die Churfürsten, Fürsten und Staaten, so wie die Mitglieder des obersten Tribunals und anderer Magistrate der Pflichten, welche sie mit Uns als dem gesetzlichen Haupt des Reichs vereinigten. Solches unterzeichnen Wir unter Hinzufügung Unserer eigenhändigen Unterschrift. Franz der Zweite, Kaiser von Oesterreich, und der österreichischen Erblande Herr."*)

Ein langes, fürchterliches Schweigen folgte dieser Vorlesung, mit welcher das alte tausendjährige Reich Karls des Großen zu Grabe getragen ward, mit welcher das deutsche Reich aufhörte zu existiren.

Dann erhoben sich die deutschen Reichstagsmitglieder von ihren Sitzen, stumm und scheu, wie Nachteulen, die ein unvermutheter Lichtstrahl aus ihren dunkeln Verstecken aufgeschreckt hat. Stumm und scheu flatterten sie hinaus aus dem alten Rathhaussaal zu Regensburg, und als die Thür hinter ihnen in's Schloß fiel, war das deutsche Reich begraben, und der Sargdeckel darüber hingefallen!

Stumm und scheu eilten die letzten Nachteulen des deutschen gestorbenen Reichs dort aus dem Rathhaussaale zu Regensburg, wo die alten Kaiserbilder hinfort Wache hielten über dem Grabe des deutschen Reichs.

Wie sie hinaustraten auf den Marktplatz, fuhr eben ein Reisewagen an dem Rathhaus vorüber, und der Herr, welcher in demselben saß, lehnte sich lächelnd aus dem Schlag und grüßte freundlich und leutselig diese bleichen, ernsten und traurigen Gestalten, welche da aus dem Rathhause einherschwankten.

Dieser Herr war der Graf Clemens Metternich, welcher sich als Abgesandter des Kaisers von Oesterreich nach Paris begab, um dem Kaiser von Frankreich zu seinem Geburtstag die Glückwünsche des österreichischen Kaisers darzubringen.**)

Am sechsten August war das deutsche Reich gestorben und begraben!

---

*) Historisch. Siehe: Mémoires d'un homme d'état. IX. 160.
**) Historisch. Mémoires d'un homme d'état. IX. 162.

Am funfzehnten August feierte der Kaiser der Franzosen fein Ge-
burtstagsfest, und die Fürsten des deutschen Rheinbundes und der
Kaiser von Oesterreich und der König von Preußen und alle die Fürsten
des entschlafenen deutschen Reichs feierten ihn mit.

Napoleon hatte einen neuen Sieg errungen, einen Sieg, welcher
ganz Deutschland zu seinen Füßen niederlegte.

Er hatte das deutsche Reich begraben, aber er stand über der erhabenen Leiche als ihr Gebieter und ihr Herr.

Achtes Buch.

Die Schlacht bei Jena.

I.

Der deutsche Buchhändler als Märtyrer.

Die Nacht war längst schon hereingebrochen; in den engen düstern
Gassen der alten freien Reichsstadt Nürnberg war längst alles Geräusch
verstummt, und alle Fenster der hohen Giebelhäuser waren dunkel.
Nur in dem untern Stockwerk jenes großen Hauses hinter der Sebal=
duskirche brannte noch ein einsames Licht, und der Nachtwächter, der
eben mit seinem langen Horn und seiner eisernen Pike vorüberschritt,
blickte neugierig durch die nur angelehnte Lade in das Fenster hinein.

Hm, sagte er leise vor sich hin, die arme Frau liegt auf ihren
Knieen und betet und weint gewiß um ihren Mann. Hat aber bei allem
Weinen wohl gar nicht bemerkt, daß es schon Mitternacht ist. Will
sie daran mahnen, damit sie hübsch schlafen geht.

Er stellte sich dem Hause gegenüber auf die Straße und stieß
schmetternd in sein Horn, und sang dann mit schallender Stimme:
„Hört, Ihr Herren und laßt Euch sagen, die Glock' hat Zwölf ge=
schlagen, ein Jeder bewahr' sein Feuer und Licht, daß dieser Stadt
kein Schad' geschicht." — So, jetzt weiß sie's, murmelte der Nacht=
wächter dann leise vor sich hin, jetzt wird sie gewiß zu Bette gehen.

Und er ging schlendernden Schrittes die lange gewundene Straße
hinunter, um an der nächsten Ecke seinen Gesang zu wiederholen. —

Er hatte indeß seinen Zweck erreicht; die junge Frau war bei
seinem Lied aus ihrem Gebet aufgeschreckt und hatte sich von ihren
Knieen erhoben.

41*

Schon Mitternacht! murmelte sie leise. Wieder ist ein Tag der Angst beendet, und ein neuer beginnt. Oh, ich wollt', ich könnte schlafen, immerfort schlafen, damit ich wenigstens nicht das Bewußtsein der Gefahren hätte, welche ihn bedrohen! Oh, mein Gott, mein Gott, beschütze meinen armen, geliebten Mann, erhalte seinen Kindern den Vater! — Und jetzt will ich schlafen gehen, fuhr sie nach einer Pause fort. Vielleicht ist Gott mir gnädig und gönnt mir einige Stunden der Ruhe!

Sie nahm den messingnen Leuchter, auf dem eine Wachskerze brannte, und ging langsam, gebeugten Hauptes in das Nebengemach. Aber wie sie dasselbe betrat, ward ihr Antlitz ruhiger und heiterer, und ein sanftes Lächeln erhellte ihre lieblichen Züge, als sie jetzt an das Bettchen trat, in welchem ihre beiden Mädchen, Arm in Arm, mit rosigen Wangen und halbgeöffneten Purpurlippen im ruhigen Schlummer lagen.

Gott erhalte Euch Euren Frieden und Eure Unschuld, flüsterte die junge Mutter mit einem langen, zärtlichen Liebesblick auf die Kinder. Gott führe diese Wolke an Euch und an uns vorüber, ohne daß ihr den Donner rollen hört und vom Blitz zerschmettert werdet! Gute Nacht, meine Kinder!

Sie nickte den Schlummernden lächelnd zu und schlich dann leise zu ihrem Lager hin. Langsam und seufzend begann sie sich zu entkleiden, aber wie sie eben im Begriff war, die silberne Schnalle ihres Kleidergürtels zu öffnen, hielt sie inne und blickte lauschend nach dem Fenster hin.

Es war ihr gewesen, als habe sie an diesem Fenster, das nach dem hinter ihrem Hause belegenen Garten führte, leises Klopfen gehört, und als habe eine Stimme leise ihren Namen gerufen.

Richtig, das Geräusch erneuerte sich, und jetzt hörte sie die Stimme ganz deutlich sagen: Oeffne das Fenster, Anna!

Sie stürzte zu dem Fenster hin und riß es auf, bleich, athemlos, kaum ihrer Sinne mächtig.

Bist Du es, Palm? flüsterte sie hinaus.

Ich bin es, sagte eine leise männliche Stimme, und jetzt ward ein Arm sichtbar, welcher sich um das Fensterkreuz legte, jetzt hob sich rasch eine männliche Gestalt empor, schwang sich auf das Fensterkreuz und ließ sich dann vorsichtig in das Zimmer niedergleiten.

Gott sei Dank, daß ich wieder da bin, sagte er hochaufathmend, mir scheint, alle Gefahr sei überstanden, wenn ich wieder hier in unserm stillen Hause bei Dir und den Kindern bin.

Nein, mein Geliebter, gerade hier droht Dir Gefahr, seufzte die junge Frau, in die geöffneten Arme des Gatten sinkend, und ihr Haupt an seine Brust lehnend. Mein Gott, warum kehrtest Du zurück?

Weil ich mich fern von Dir ängstigte, während ich hier bei Dir Muth fühle, der ganzen Welt zu trotzen, sagte ihr Gatte fast heiter, einen glühenden Kuß auf die Stirn seines jungen Weibes drückend. Glaube mir, Anna, einem Manne fehlt überall der rechte Muth, wenn er sein Weib nnd seine Kinder in Gefahr glaubt. Ich bin seit sechs Tagen von Euch getrennt; nun, in diesen sechs Tagen, die ich ganz unangefochten und sicher in Erlangen lebte, habe ich nicht eine Minute ohne Herzklopfen hingebracht, nicht eine Minute geschlafen. Ich dachte immer an Euch und zitterte für Euch!

Doch sind nicht wir bedroht, sondern Du allein, mein Geliebter, sagte die junge Frau seufzend. Unser Haus wird bewacht, glaube es mir! Ich habe französische Gensd'armen gesehen, welche drüben hinter den Pfeilern der Kirche versteckt standen und stundenlang zu unserer Hausthür herüber starrten. Oh, wenn sie wüßten, daß Du hier bist, würden sie Dich noch in dieser Nacht verhaften.

Sie würden es nicht wagen! rief Palm laut. Noch gehören wir nicht zu Frankreich, obwohl dieser Herr Kaiser von Frankreich sich das Recht angemaßt hat, die alte freie Reichsstadt Nürnberg, als wäre sie nur ein aus unsern Fabriken hervorgegangenes Spielzeug, an Baiern zu verschenken. Noch sind wir Deutsche, und kein französischer Gensd'arme hat das Recht, in unsere deutschen Häuser einzubringen. Aber sieh, die Kinder regen sich, die kleine Sophie schlägt die Augen auf. Welch ein Barbar ich bin, so laut zu sprechen, und den Schlaf der Kinder nicht einmal zu schonen.

Er eilte zu dem Bettchen hin und sich über dasselbe neigend, nickte er lächelnd dem kleinen Mädchen, das ihn halb im Schlaf anstarrte, einen Gruß zu. Das Kind flüsterte leise: mein geliebter Vater, und schloß die Augen und schlief ruhig weiter.

Komm, Anna, flüsterte Palm, laß uns in Dein Zimmer gehen, damit wir die Kinder nicht stören.

Aber damit vielleicht die Späheraugen unserer Feinde Dich sehen können, sagte sein Weib angstvoll. Nein, laß uns hier bleiben, selbst wenn wir die kleinen Mädchen wecken sollen. Sie werden nicht weinen, sondern glücklich sein, ihren geliebten Vater wieder sehen zu können, und was wir sprechen, das verstehen sie nicht. Komm, setzen wir uns hier auf den kleinen Divan und erlaube, daß ich den Bettschirm davor stelle, dann bin ich sicher, daß Dich Niemand sehen kann.

Sie führte Palm zu dem kleinen Divan, der am äußersten Ende des Zimmers stand, und schob mit leisen geschäftigen Händen den Bettschirm vor.

So, sagte sie, sich an ihn schmiegend, jetzt sind wir hier, wie in einer kleinen Zelle, wo nur das Auge Gottes uns finden kann. So lange wir in dieser Zelle sind, fürchte ich mich nicht.

Ich glaube, Du hast auch sonst nicht Ursache, Dich zu fürchten, sagte Palm lächelnd. Wir gehen zu weit in unseren Befürchtungen, glaube mir das, und weil wir sehen, wie der Herr Bonaparte ganze Länder in die Tasche steckt, so denken wir, es wird ihm auch ganz leicht sein, einen ehrsamen Nürnberger Bürger und Buchhändler ein-zustecken. Aber das ist, unter uns gesagt, ein sehr hochmüthiger Ge-danke und der Herr Bonaparte hat ganz andere Dinge zu thun, als sich um einen Buchhändler und seine Ballen zu kümmern. Denke doch nur, Kind, daß er eben erst den Rheinbund der deutschen Fürsten ge-backen hat, und daß er jetzt, wie man sagt, im Begriff ist einen Krieg mit Preußen anzufangen. Wie sollte er da Zeit haben, sich mit einem armen Buchhändler zu schaffen zu machen?

Denkst Du, wenn der Löwe seinem Feind entgegen zieht, um mit ihm zu kämpfen, so wird er die Wespe, die er auf seinem Wege findet, und die ihn ins Ohr gestochen, ungestraft lassen, weil er Größeres zu thun hat?

Ich habe ihn aber gar nicht gestochen, sagte Palm lachend. Laß uns einmal ruhig überlegen, theuerste Anna, laß uns den ganzen Verlauf der Sache noch einmal überschauen und Du wirst sehen, daß ich in Wirklichkeit nichts zu fürchten habe, daß vielmehr nur die unselige Furcht, welche ganz Deutschland jetzt vor dem Herrn Bona=parte in den Gliedern steckt, dies ganze Schreckniß bereitet hat. Höre also nur zu und überlege ein wenig. Ich bekomme vor einigen Mo=naten durch die Post und von unbekannter Hand einen Ballen Druck=sachen zugesandt, denen ein Brief beigefügt ist, welcher von einem Ungenannten die Bitte enthielt, die in dem Ballen befindlichen Exemplare einer Broschüre sogleich an alle deutschen Buchhandlungen zu versenden und für eine recht weite Verbreitung der Schrift zu sorgen. In dem Brief befand sich ein Wechsel auf tausend Gulden beigefügt, auf ein hiesiges großes Banquierhaus, ausgestellt von dem Banquier Baron Franke in Wien. Die tausend Gulden, sagte der Brief, sollten eine Entschädigung sein für meine Bemühungen und für den Eifer, mit dem ich, wie man von meiner Redlichkeit überzeugt sei, die weitere Verbreitung der Schrift besorgen werde.

Aber gerade dies Geheimnißvolle hätte Dich argwöhnisch machen sollen, mein Geliebter.

Weshalb? Sind wir Deutsche nicht in der unglücklichen Lage, daß wir jetzt unsere besten Gedanken und unsere heiligsten Empfin=dungen geheim halten müssen? Und soll daher nicht Jeder von uns bemüht sein, dieses Geheimhalten zu ehren und zu schützen, statt es zu verdächtigen?

Aber schon der Titel dieses Broschüre war gefährlich. „Deutschland in seiner tiefsten Erniedrigung." Du hättest wohl ahnen können, gegen wen diese Anklage sich richtete.

Gegen Deutschland, glaubte ich, gegen unsere Erbärmlichkeit und Verzagtheit, gegen die Treulosigkeit unserer Fürsten, gegen die stumpfe passive Gleichgültigkeit unseres Volkes. Es ist wohl Zeit, daß Deutsch=land, welches wie ein Nachtwandler umherschwankt, durch ein mann=haftes Wort aus seinem Schlaf aufgeschreckt werde, damit es sich aufraffe und das Schwert nehme. Ich sah es an dem Titel, daß diese

Broschüre ein solches Wort enthielt und ich durfte sie daher nicht zurückhalten. Es wäre ein Raub an Deutschland, ein Diebstahl an dem gewesen, der mir das Geld gesandt, und dem ich es nicht zurücksenden konnte, weil ich seinen Namen nicht kannte.

Du hättest an Dein Weib, an Deine Kinder denken sollen, seufzte Anna leise.

Ich dachte an Euch, sagte er weich, und deshalb las ich die Broschüre nicht, um mich nicht irre machen zu lassen in dem, was meine Pflicht war. Zuerst mußte ich meine Pflicht als Bürger und als Ehrenmann erfüllen, dann erst durfte ich an Euch und meine persönliche Sicherheit denken. Ich sandte also zuerst einen Theil der Broschüre an die Stage'sche Buchhandlung und bat sie für schnelle Verbreitung in ihren Geschäftskreisen zu sorgen.

Und Gott weiß, daß sie das gethan hat, seufzte Anna, und gleich Dir an dem Titel keinen Anstand genommen hat.

Sie that gleich mir ihre Pflicht und versandte die Broschüre an Bücherliebhaber zum Verkauf. Auf diese Weise kam sie an einen Landpfarrer, und das Unglück wollte, daß zwei französische Officiere bei ihm in Quartier lagen, welche Deutsch verstanden, die Broschüre also lasen, und bei ihrem Obristen davon Anzeige machten. Dieser suchte den Pfarrer auf und erfuhr von ihm, daß ihm die Stage'sche Buchhandlung in Augsburg die Broschüre zugesendet habe. Man begab sich also nach Augsburg zu Stade.

Und dieser Mann war feig und treulos genug, Deinen Namen zu nennen, und Dich anzugeben als den, welcher ihm die Broschüre gesandt, rief Anna mit zornglühenden Blicken. Dein Freund, Dein Geschäftsgenosse verrieth Dich!

Ich hatte ihn nicht gebeten, mein Namen geheim zu halten, sagte Palm ernst, er war in seinem Recht, wenn er mich nannte, und ich mache es ihm nicht zum Vorwurf, daß er's that. Man zeigte mir an, daß der französische Gesandte in München mit bitterer Beschwerde meine Bestrafung verlangt habe, und da wir jetzt baierische Unterthanen sind, eilte ich selbst nach München, um mich zu vertheidigen.

Und während Du dort warst, kamen vier Fremde hierher, unter=

brach ihn Anna. Sie fragten nach der Broschüre, drangen trotz meiner Gegenvorstellungen mit frechem Ungestüm in Deine Bücherhalle, durchsuchten Alles und entfernten sich erst, als sie sich überzeugt hatten, daß kein Exemplar der unglücklichen Broschüre mehr vorhanden sei.

Das schriebst Du mir nach München und zu gleicher Zeit erfuhr ich, daß Stabe in Augsburg verhaftet sei. In einem ersten Gefühl des Schreckens enstoh ich und eilte nach Erlangen, in das preußische Gebiet, wo mich die bairische und die französische Polizei nicht mehr erreichen kann. In Erlangen aber überlegte ich, und ich gestehe Dir, ich schämte mich, daß ich geflohen war, statt mich offen und frei dem Verhör zu stellen. Meine Sehnsucht und Sorge zog mich zu Dir, und so bestellte ich mir gestern Abend einen Wagen nnd fuhr heim zu meinem geliebten Weibe und zu meinen Kindern. Siehst Du, das ist der ganze einfache Hergang, und nun sage selbst, was kann ich zu fürchten haben?

Alles, rief Anna schmerzlich, Alles, denn unsere französischen Tyrannen wagen Alles!

Aber wir leben zum Glück noch nicht unter französischem Scepter, rief Palm lebhaft, wir sind Deutsche und nur deutsche Gesetze haben für uns Gültigkeit.

Nein, sagte Anna traurig, wir sind nicht Deutsche, sondern Baiern, das heißt die Bundesgenossen, die demüthigen Vasallen Frankreichs. Nicht der König von Baiern, sondern der Kaiser von Frankreich ist Herr über uns.

Nun, und wenn es so wäre, so weiß ich doch immer noch nicht, welches Verbrechens man mich anklagen wollte. Ich habe diese Schrift weder verfaßt, noch verlegt, ich bin ganz einfach nur der Colporteur derselben und kann daher nicht verantwortlich gemacht werden für ihren Inhalt. Es ist möglich, daß man mich verhaftet, wie man es mit Stage gethan, daß man mich dadurch zwingen will, den, der mir die Broschüre gesandt, anzugeben, so wie Stage mich angegeben hat. Aber ich kann zum Glück beweisen, daß ich weder den Verfasser noch den Verleger kenne, denn ich habe das beste Zeugniß dafür: den Brief, den ich mit dem Ballen zugleich erhielt. Diesen Brief werde ich dem

Gericht vorlegen und daran werden sie meine Unschuld erkennen. Was wird ihnen also weiter übrig bleiben, als mich zu verwarnen, künftig nicht Druckſachen, die mir anonym zugeſandt werden, zu verbreiten, und dann mich wieder frei zu laſſen?

Aber wenn ſie Dich nun nicht wieder frei laſſen, mein Geliebter? rief ſeine Gattin, ſich angſtvoll an ihn ſchmiegend, wenn ſie nun in ihrer Wuth, den eigentlichen Verbrecher nicht erlangen zu können, Dich als den erſten Verbreiter der Schrift feſthalten und Dich ſtrafen, als wärſt Du der Verfaſſer derſelben?

Oh, Du gehſt zu weit, rief Palm lachend, Deine Phantaſie malt Dir Schreckbilder vor, die in das Reich der Mährchen gehören. Noch leben wir in einem geordneten Staat, und wie groß auch der Einfluß Frankreichs immerhin ſein mag, ſo gelten bei uns noch die deutſchen Geſetze, und da wir im vollen Frieden leben, kann ich nur nach dieſen gerichtet werden. Sei alſo ohne Sorgen mein geliebtes Weib. Das Schlimmſte, was mich treffen kann, iſt doch nur eine Trennung auf einige Tage, höchſtens einige Wochen, wenn unſere Behörden wirklich in ihrer hundewedelnden Demuth gegen Bonaparte einen deutſchen Bürger deshalb zur Rechenſchaft ziehen ſollten, weil er als Buchhändler eine Schrift verbreitet hat, wohl zu merken, eine deutſche, nur für Deutſchland beſtimmte Schrift, die vielleicht dem Herrn Kaiſer der Franzoſen nicht ganz ſo ſchmeichelt, als wie unſere deutſchen Fürſten und unſere deutſchen Regierungen es thun.

Oh, mein Gott, mein Gott, jammerte Anna leiſe, dieſe Schrift iſt alſo gerade gegen Napoleon ſelber gerichtet?

Ja, gegen ihn, der ſeinen Fuß auf Deutſchlands Nacken geſetzt und es in den Staub getreten hat, rief Palm, gegen ihn allein kann die Schrift, welche „Deutſchland in ſeiner tiefſten Erniedrigung" heißt, gerichtet ſein. Oh, jetzt in dieſen Tagen meiner Einſamkeit in Erlangen habe ich dieſe Broſchüre geleſen, und was auch geſchehen möge, ich freue mich, daß ich es war, welcher ſie verbreitet hat; denn es iſt ein edler deutſcher Geiſt, der aus derſelben ſpricht, und die Wahrheit iſt es, welche in derſelben die Geiſtes erhebt, um die Schuldigen zu treffen. Es iſt eine mit glühenden und derben Farben aufgetragene Schilderung aller deutschen Lande und des Zustandes, in welchen Bonaparte's Willkürherrschaft sie versetzt hat. Höre nur diese Eine Stelle hier, und dann ermiß danach, ob diese Schrift Wahrheit enthält.

Er zog aus seiner Busentasche einige gedruckte Blätter hervor und schlug sie auf.

Du hast ein Exemplar dieser unseligen Schrift bei Dir? fragte Anna entsetzt. Oh, welche Unvorsichtigkeit. Wenn sie jetzt kämen, Dich zu verhaften, so würden sie einen neuen Beweis Deiner Schuld haben. Ich beschwöre Dich, mein Freund, mein Geliebter, wenn Du mich liebst, wenn Deine Kinder Dir am Herzen liegen, so sei vorsichtig und besonnen! Verbrenne diese fürchterlichen Blätter, damit sie nicht Zeugniß wider Dich ablegen. Bedenke, daß auch ich sterben würde vor Gram, wenn Dein Leben bedroht wäre, bedenke, daß unsere armen Kinder dann hülflose Waisen wären.

Oh, mein armes schüchternes Reh, sagte Palm gerührt, indem er die weinende junge Frau in seine Arme schloß. Wie Dein treues unschuldiges Herz schlägt und hämmert, als hätte der grausame Jäger schon das Mordgewehr auf uns angelegt, und wir müßten ohne Rettung fallen. Beruhige Dich, Du Liebe, ich verspreche Dir auch Deinen Willen zu thun. Wir wollen die Schrift verbrennen. Vorher aber mußt Du wenigstens erfahren, welcher Geist und Sinn aus der Schrift spricht, für welche Dein armer Mann vielleicht einige Tage Gefängnißqual zu dulden haben wird. Höre nur! Hier ist von Baiern die Rede, und von den Bedrückungen, die es zu erdulden hat, seit wir in Freundschaft mit Frankreich leben, und wie es in der Broschüre heißt: „Seit sich Baiern zu einem Winter- und Kantonirungsquartier verdammt sieht, davon man seit dem dreißigjährigen Krieg kein Beispiel hat. Damals lebte der Oesterreicher unter Tilly und Wallenstein gerade so, wie jetzt der Franzose, und wenn sein Kaiser sich aus jenem Kriege nichts anmerkt, so hat er doch die damals übliche Unterhaltungsart eines Heeres genau copirt. Männer, denen aller Glaube beizumessen, haben als reine Wahrheit versichert, daß Frankreichs Oberhaupt, als ihm in München über die unerhörten Drangsale,

worunter der bairiſche Einwohner ſeufzte, die nachdrücklichſten Vor-
ſtellungen geſchahen, mit kaltem Blut ſagte: „Das haben meine Leute
nicht gethan. Es iſt Krieg, man laſſe mich in Ruhe und ſtöre mich
nicht in meinem Plan." Schon im December des vorigen Jahres,
wird der Friede in Preßburg unterzeichnet, und von dem Augenblick an
hat Oeſterreich Hoffnung, ſeine Feinde los zu werden. Hätte Baiern
nicht ein gegründetes Recht, der Vortheile dieſes Friedens zu ge=
nießen? Dieſe konnten keine andern ſein, als daß das franzöſiſche
Heer abgeführt, und das Land ferneren Bedrückungen enthoben würde.
Gerade das Gegentheil erfolgte. Die Franzoſen ziehen ſich aus den
Staaten des deutſchen Kaiſers, um ſich in Baiern feſtzuſetzen,
und hier bei Freſſen und Saufen, ein durch lange Monate fortgeſetztes
Siegesfeſt mit dem Untergang aller Einwohner zu feiern. Wenn hier
vom Untergange die Rede iſt, ſo nehme man das Wort in ſtrengſter
Bedeutung, und nicht als einen Ausdruck, der nur die Größe der
Leiden, welche die Franzoſen über den bairiſchen Staat herbeigeführt,
angeben ſoll. Noch ſind es nicht fünf Jahre, da ein feindliches Heer
der nämlichen Nation in dieſem Lande den Meiſter ſpielte. Und da
zweifelt wohl Niemand, daß die damals den Einwohnern geſchlagenen
Wunden binnen dieſer kurzen Friſt bei den wenigſten vernarben konnten.
Der Landmann, des benöthigten Zugviehes entblößt, hatte kaum ange-
fangen, ſich wieder mit Pferden und Rindern zu verſehen, als der
einem Einfall in allen Stücken gleiche Durchzug der Franzoſen demſelben dieſen wichtigen Theil ſeiner Habe wieder entzog. Betrug, Liſt,
Gewalt boten einander hierin die Hände. Thränen und fußfälliges
Bitten um Verſchonung wurden mit Hohngelächter oder mit Schlägen
abgewieſen. Der Franzoſe gab ſich den Namen eines Retters von
Baiern. Wahrlich eine Rettung, jener ähnlich, da der Kranke, welchen
dieſer Arzt früher in's Grab geſchickt hätte, unter der Hand des andern bloß eines langſamern Todes ſtirbt. Wenn irgend mit der
Freundſchaft ein Spott getrieben wurde, konnte er wohl bitterer ſein,
als dieſer? Doch, es liegt ja in Napoleons Plan, Deutſchland
ſo zu entkräften, daß ihm für jetzt und die entfernteſte Zukunft von
dieſer Seite nichts zu befürchten ſteht. Er wählte dazu verſchiedene

sehr schickliche Wege. Fürstliche Häuser, deren Hoheit sich aus dem grauesten Alterthum herleitet, aus deren einem längst schon Kaiser und Könige hervorgingen, wurden mit der Familie Bonaparte's durch die engsten Bande des Blutes verknüpft, und schon steht Frankreichs Herrscher mit Baden, Baiern, Schweden und Rußland in naher Verwandtschaft. Damit nicht zufrieden, bot er Baiern und Württemberg die Krone an, wozu der deutsche Kaiser in dem letzten Frieden seine Einwilligung geben mußte. So hat nun Deutschland zwei Königreiche und" —*)

Oh, ich beschwöre Dich, hör' auf, hör' auf, unterbrach Anna die Vorlesung ihres Gatten. Es ängstigt mich, Dich diese drohenden und zürnenden Worte nur sprechen zu hören, sie fallen auf mein Herz wie eine fürchterliche Anklage gegen Dich! Glaube es mir, mein Geliebter, wenn dieser stolze und ehrgeizige Kaiser Napoleon von dieser Schmähschrift hört, wenn man ihm den Inhalt derselben mittheilt, so bist Du verloren, und da er Niemand Anders hat, den er strafen könnte für diese Schrift, so wird er an Dir sich rächen!

Aber mich wird er auch nicht haben, sagte Palm lächelnd, denn ich werde mich wohl hüten, mich auf französisches Gebiet zu begeben, ich werde Nürnberg nicht verlassen, und das ist, Gott sei Dank, deutsches Gebiet.

Aber die Grenzen Frankreichs liegen nahe bei uns, denn wo die Franzosen stehen, da ist Frankreich. Napoleons Arm reicht weit hinaus über seine Grenzen, und wenn er Dich ergreifen will, so wird er es thun, trotz aller Grenzpfähle und aller deutschen Gesetze und Bürgerrechte.

Es liegt wahrhaftig etwas so Ueberzeugendes in Deiner Furcht, daß ich mich fast mit davon angesteckt fühlen könnte, sagte Palm sinnend. Vielleicht wäre es doch besser gewesen, nicht hierher zu kommen, sondern im preußischen Erlangen zu bleiben!

---

*) Siehe: Deutschland in seiner tiefsten Erniedrigung 1806. Abgedruckt in: Der Bollswitz der Deutschen über den gestürzten Bonaparte. Stuttgart 1849. Bd. IV. S. 1—105.

Kehre dahin zurück, rief Anna flehend, ich beschwöre Dich bei unserer Liebe, bei unsern Kindern, und bei unserm Glück, kehre um, gehe wieder nach Erlangen!

Morgen, meine geliebte Anna! sagte Palm lächelnd, sein junges Weib in seine Arme schließend. Morgen ist es immer noch Zeit genug, an eine neue Trennung zu denken. Jetzt gönne mir einige Stunden der Ruhe, und laß mich in vollen Zügen das Glück ge= nießen, wieder daheim zu sein! Daheim bei meinem Weib und meinen Kindern!

II.

Die Verhaftung.

Am nächsten Morgen verbreitete sich in Nürnberg das Gerücht, der Buchhändler Palm sei zurückgekehrt und halte sich in seinem Hause verborgen. Die Köchin hatte es im größten Vertrauen einigen Freun= dinnen erzählt, als sie auf den Markt gekommen war, um einige Ge= müse für ihre Herrschaft einzukaufen. Die Freundinnen hatten die Nachricht natürlich auch wieder im größten Vertrauen Andern mitge= theilt, und so war bald die ganze Stadt Mitwisserin des Geheimnisses geworden.

Die nähern Freunde des Hauses beeilten sich nun zur Frau Palm zu gehen, um von ihr selber zu erfahren, ob die Nachricht begründet sei. Anna leugnete sie indeß, sie behauptete erst heute Morgen einen Brief von ihrem Gatten aus Erlangen erhalten zu haben; aber als einer der zudringlichern Freunde sie bat, ihm diesen Brief doch mitzutheilen, oder ihn denselben wenigstens sehen zu lassen, ward sie verlegen, und gab eine ausweichende Antwort.

Er ist da! flüsterten die Freunde und Gevattern einander zu, als sie Frau Anna verließen. Er ist da, aber er versteckt sich, damit ihn die franzöfifchen Spürnafen, die hier feit einigen Tagen herumfchnüffeln, nicht wittern follen. Er thut wohl daran, und wir wollen ihn nicht verrathen, fondern getreulich fein Geheimniß bewahren!

Aber ein Geheimniß, das eine ganze Stadt kennt, und das den Zungen aller Frau Muhmen und Bafen Stoff giebt, ift fchlecht be= wahrt, und kann nicht mehr gehütet werden vor Verrath.

Palm ahnte nichts davon. Er glaubte fich ungefährdet und ficher in dem friedlichen und ftillen Gemach feiner Gattin, deffen nach dem Garten belegene Fenfter keinem Späherauge zugänglich waren, deffen einzige Ausgangsthür in die große Halle führte, wo feine beiden Commis in ihrem Gefchäft thätig waren, und die Bücherbeftellungen und Anfragen des Publikums entgegen nahmen.

Während Anna eben das Zimmer verlaffen hatte, um in wirthlichem Eifer die Angelegenheiten des Hauswefens und der Küche mit ihren Mägden zu berathen, lag Palm in behaglicher Ruhe auf dem Divan und las. Die trüben Sorgen, welche ihn in den letzten Tagen beäng= ftigt hatten, waren jetzt, da er wieder daheim war, von ihm gewichen, er fühlte fich vollkommen ruhig, und lächelte über feine eigene Furcht, die wie eine trübe Wolke an ihm vorüber geflattert war.

Auf einmal warb er durch lautes Gefpräch in der Gefchäftshalle aus feinem behaglichen Sinnen aufgeftört, und er richtete fich von dem Divan auf, um zu hören, was es gebe.

Ich fage Ihnen, ich bin nicht im Stande, Sie zu unterftützen, hörte er feinen Buchhalter fagen. Ich felbft bin unbemittelt und Herr Palm ift nicht hier.

Herr Palm ift hier, und ich befchwöre Sie, führen Sie mich zu ihm, fagte eine fremde flehende Stimme. Er hat ein großmüthiges Herz, und wenn ich ihm meine Noth klage, wird er Erbarmen mit mir haben und mir helfen.

So kommen Sie in einigen Tagen wieder, rief der Buchhalter, vielleicht ift Herr Palm dann von feiner Reife zurückgekehrt.

In einigen Tagen! rief die fremde Stimme. In einigen Tagen wird mein Weib und mein Kind Hungers geftorben fein, denn wenn ich nicht in diefer Stunde noch Hülfe fchaffen kann, werde ich von meinem hartherzigen Gläubiger in den Schuldthurm gebracht, und bin dann außer Stande, meinem kranken Weibe und ihrem kleinen Kinde beizustehen. Oh, seien Sie also barmherzig, haben Sie Mitleid mit meiner Noth. Führen Sie mich zu Herrn Palm, damit ich ihn um Hülfe und Unterstützung anflehen kann.

Herr Palm ist nicht hier, sage ich Ihnen, rief der Buchhalter mit zorniger Stimme. Wie soll ich Sie also zu ihm führen? Kehren Sie in einigen Tagen wieder, das ist der einzige Rath, den ich Ihnen geben kann. Gehen Sie jetzt und stören Sie mich nicht länger in meiner Arbeit! Gehen Sie!

Nein, es soll nicht gesagt werden, daß ich einen Verzweifelnden von meiner Thür gewiesen, murmelte Palm, indem er rasch das Zimmer durchschritt und die Thür der Halle öffnete.

Bleiben Sie, armer Mann, rief er dem Bettler zu, der sich schon umgewandt hatte, und im Begriff war, die Halle zu verlassen. Bleiben Sie!

Der Bettler kehrte um, und Palm erblickend, der auf der Schwelle der Thür stand, stieß er einen Freudenschrei aus.

Sehen Sie wohl, rief er triumphirend dem Buchhalter zu, sehen Sie wohl, daß ich Recht hatte, Herr Palm ist da, und er wird mir helfen!

Ich werde Ihnen helfen, wenn ich es vermag, sagte Palm gütevoll. Wie hoch beläuft sich Ihre Schuld?

Ach, Herr Palm, ich schulde meinem Hauswirth die Miethe für ein ganzes Vierteljahr, und das sind zwanzig Gulden. Aber wenn Sie in Ihrer Großmuth mir die Hälfte dieser Summe geben, so ist das genug, denn der Wirth hat mir versprochen, sich noch das nächste Vierteljahr gedulden zu wollen, wenn ich ihm jetzt zehn Gulden abzahle.

Sie sollen diese zehn Gulden haben, sagte Palm. Herr Bertram, zahlen Sie aus der Hauptkasse zehn Gulden an diesen Mann aus.

Oh, Herr Palm, wie gütig Sie sind, rief der Bettler freudig. Wie soll ich Ihnen jemals danken, was Sie heute Großes an mir gethan!

Danken Sie es mir, indem Sie fleißig sind und rechtzeitig für Weib und Kind sorgen, damit Sie nicht wieder in so arge Verlegenheit kommen, sagte Palm, indem er dem Fremden freundlich zunickte, und dann wieder in das anstoßende Gemach zurücktrat.

Mit den zehn Gulden, welche der Buchhalter ihm ausgezahlt, eilte der Bettler auf die Straße. Kaum hatte er die Schwelle des Palm'schen Hauses hinter sich, als der Zug von Trauer und Angst aus seinem Antlitz verschwand, das jetzt einen höhnischen und boshaften Ausdruck annahm. Mit hastigen Schritten eilte er hinüber nach der Sebalduskirche, zu jenem Pfeiler, hinter welchem zwei in Mäntel gehüllte Männer standen.

Herr Palm ist in seinem Hause, sagte der Bettler grinsend. Ihr geht in die Geschäftshalle, durchschreitet sie und tretet durch die gegenüberliegende Thür in das Wohnzimmer; da drin ist er. Ich hab's Euch richtig ausgekundschaftet, und jetzt gebt mir meinen Lohn.

Erst müssen wir wissen, ob Ihr die Wahrheit gesprochen, sagte einer der Männer. Was bürgt uns dafür, daß Ihr uns nicht betrügt?

Aber ich sage Euch, ich habe ihn mit meinen eigenen Augen gesehen, rief der Bettler. Ich stand in der Halle und heulte und flennte ganz jämmerlich, und schwur hoch und theuer, daß mir Weib und Kind verhungern müßten, wenn Herr Palm mir nicht helfen wollte. Der Buchhalter schlug's mir ab, da heult' ich blos lauter, damit Herr Palm mich hören sollte. Und er hörte mich auch und kam aus seinem Versteck hervor, und gab mir richtig die zehn Gulden, um die ich ihn bat. Hier sind sie!

Nun, wenn Ihr zehn Gulden bekommen habt, so seid Ihr für Euren Verrath hinlänglich bezahlt, sagten die beiden Männer. Es ist Judasgeld. Seinen Wohlthäter, der Euch eben ein großmüthiges Geschenk gemacht, zu verrathen, — wahrhaftig, das kann auch nur ein Deutscher!

Sie wandten sich mit verächtlichen Blicken von dem Bettler ab, und schritten dahin über die Straße, dem Palm'schen Hause zu.

Niemand war auf dem Hausflur und ungehindert traten die beiden Männer in die Halle ein. Ohne dem Buchhalter und dem Commis, die ihnen mit geschäftiger Eile entgegentraten, zu antworten, warfen sie ihre Mäntel ab.

Französische Gensd'armen, murmelte der Buchhalter erbleichend, und er that einige Schritte vorwärts nach der Thür des Wohnzimmers hin. Einer der Gensd'armen hielt ihn zurück.

Sie bleiben Beide hier, sagte er gebieterisch, wir wollen da hineingehen. Bei dem geringsten Laut oder Warnungsruf verhaften wir Sie Beide. Schweigen Sie also und lassen Sie uns unsere Pflicht thun.

Die beiden Commis wagten nicht, sich zu regen und sahen mit stummem Entsetzen zu, wie jetzt die Gensd'armen der Thür des Wohnzimmers zuschritten und diese öffneten.

Dann hörten sie einige heftige gebieterische Worte, denen ein durchbringender Wehescrei folgte.

Oh, die arme Frau, murmelte der Buchhalter mit zitternden Lippen, aber ohne sich von der Stelle zu bewegen.

Die Thür des Wohnzimmers, welche die Gensd'armen hinter sich zugedrückt hatten, that sich jetzt wieder auf und die beiden Polizeimänner traten wieder in die Halle, in ihrer Mitte Palm führend, den Jeder von ihnen an einem Arm gefaßt hatte.

Palm sah bleich aus und seine Stirn war umdüstert, aber er schritt doch vorwärts wie ein Mann, der seinen Entschluß gefaßt hat und sich von dem Mißgeschick nicht zerschmettern lassen, sondern es tragen will mit aufgerichtetem Haupt.

In der Mitte der Halle, bei dem Tisch angelangt, neben welchem seine beiden Diener standen, blieb er stehen.

Sie geben mir also nicht eine halbe Stunde Zeit, um meine Geschäfte mit meinem Buchhalter zu besprechen und ihm meine Befehle zu ertheilen? fragte er die Polizeimänner, welche ihn vorwärts ziehen wollten.

Nein, nicht eine Minute, sagten sie. Wir haben strengen Befehl, Sie sogleich zum General zu führen, und wenn Sie sich sträuben sollten, gutwillig zu gehen, Sie gebunden und in Fesseln hinzuschaffen.

Sie sehen wohl, ich sträube mich nicht, sagte Palm verächtlich. Lassen Sie uns gehen. Bertram, sehen Sie doch nach meiner Frau, sie ist ohnmächtig geworden! Bringen Sie ihr und meinen Kindern meine Grüße, Adieu!

Die beiden jungen Männer antworteten ihm nicht sie konnten vor Weinen nicht sprechen. Aber als Palm verschwunden war, stürzten sie Beide in das Wohnzimmer, um der unglücklichen, jungen Frau bei-zustehen.

Sie lag an der Erde, bleich und starr, wie eine vom Sturm ge-knickte Lilie. Ihre Augen waren halb geöffnet und glanzlos, ihre langen blonden Haarflechten, mit deren Ordnen sie eben, als die Gensb'armen eintraten, beschäftigt gewesen, hingen halb aufgelöst wie ringelnde Schlangen über ihr Antlitz und ihre Schultern, von denen das kleine durchsichtige Flortuch sich verschoben hatte. Ihre Züge, welche sonst immer voll Liebreiz und Anmuth waren, hatten jetzt den Ausdruck des Zorns und des Entsetzens, sie waren in dem Ausdruck erstarrt, als sie ohnmächtig geworden war, weil sie hören mußte, wie die franzö-sischen Polizisten ihren Gatten zu ihrem Gefangenen erklärten und ihm befahlen, ihnen zu folgen.

Erst nach langem Bemühen gelang es, sie wieder zum Bewußtsein zurückzurufen. Es waren aber nicht die flüchtigen Salze, die ihre Dienerin ihr auf die Stirn rieb, nicht die flehenden Worte des Buch-halters, welche sie zum Leben erweckten, sondern es waren die glühenden Thränen ihrer beiden kleinen Mädchen, welche ihr erstarrtes Blut wieder schmolzen und erwärmten.

Mit einem tiefen Seufzer richtete sie sich auf und ihre wilden, geängsteten Blicke flatterten im Zimmer umher, hefteten sich forschend und suchend auf jede der sie umgebenden Gestalten. Dann, als sie sich überzeugt, daß Er nicht unter ihnen sei, Er, den allein ihre Blicke gesucht hatten, schlug sie mit einem Schrei des Entsetzens ihre beiden Arme um ihre Kinder, und sie fest an sich ziehend, weinte sie laut.

Aber nicht lange mehr überließ sie sich ihrem Schmerz und ihrer Verzweiflung. Mit einer hastigen Bewegung trocknete sie ihre Thränen und stand auf. Es ist jetzt nicht Zeit zu weinen und zu klagen, sagte sie, nach Athem ringend, ich werde später Zeit genug dazu haben, jetzt muß ich handeln, muß sehen, daß ich ihm Hülfe schaffen kann. Wißt Ihr, wo man ihn hingeführt hat?

Zu dem französischen General Colomb, der jetzt hier cantonirt, sagte der Buchhalter.

Ich werde zu dem General gehen und er wird mir wenigstens sagen müssen, ob ich meinen Gatten in seinem Gefängniß sehen kann, sagte sie entschlossen. Schnell, Kathi, hilf mir mich ankleiden, ordne mein Haar, denn Du siehst wohl, meine Hände zittern so sehr, sie sind schwächer als mein Herz.

Sie stand auf, um sich nach ihrem Ankleidezimmer zu begeben. Aber die Füße versagten ihr den Dienst, es schwindelte vor ihren Blicken und von einer neuen Ohnmacht überwältigt, sank sie wieder zusammen.

Erst nach Stunden des Kämpfens und Ringens konnte die arme junge Frau sich von dieser physischen Schwäche, welche der jähe Schreck ihr auferlegt, wieder aufraffen und sich zu festem Wollen und Handeln zusammenfassen. Jetzt hatte sie ihre ganze Energie und Beherztheit wieder gefunden, kühn und muthig, wie eine gereizte Löwin, war sie entschlossen mit der ganzen Welt zu kämpfen um den Geliebten, den man ihr entrissen hatte.

III.

Die Liebe einer Frau.

Anna begab sich zuerst zu dem General Colomb und bat ihn um eine Unterredung.

Vier Stunden ungefähr waren vergangen seit der Verhaftung Palm's, als der General sie empfing.

Madame, sagte er, ich weiß, weshalb Sie kommen, Sie suchen Ihren Gatten, allein er ist nicht mehr hier.

Nicht mehr hier? rief sie entsetzt. Ihr habt ihn nach Frankreich geschleppt? Ihr wollt ihn also tödten?

Das Gesetz wird über ihn richten, Madame, sagte der General strenge. Ich selber habe ihn vernommen und ihn aufgefordert, uns den Urheber und Verfasser dieser fluchwürdigen Schrift, welche Herr Palm ins Publikum gebracht hat, zu nennen. Hätte er es gethan, so wäre er aller weiteren Verantwortlichkeit überhoben gewesen und hätte unangefochten in sein Haus und zu Ihnen zurückkehren können. Aber er weigerte sich entschieden, den Verfasser und den Drucker anzugeben.

Er kennt beide nicht, rief Anna, oh, glauben Sie mir, mein Herr, Palm ist unschuldig. Man hat ihm diese Broschüre gesandt, begleitet von einem anonymen Schreiben.

Dann hätte er sich wohl hüten müssen, dieselbe zu publiciren, rief der General. Es ist gegen alles Gesetz, eine Druckschrift, von der man weder Verfasser noch Drucker kennt, zu publiciren.

Nein, Herr General, es ist nicht gegen das in Nürnberg, in der freien deutschen Reichsstadt geltende Gesetz. Wir sind durch einen Machtspruch des Kaisers von Frankreich an Baiern geschenkt, aber die Privilegien und Rechtsame unserer freiern Verfassung sind der alten Reichsstadt verbürgt worden, und Palm hat also nichts gethan, was gegen unser deutsches Gesetz verstieße.

Wir urtheilen und richten nach unserm Gesetz, sagte der General achselzuckend, wo wir sind, da ist Frankreich, und wo wir beleidigt werden, da ziehen wir den Beleidiger zur Rechenschaft und strafen ihn nach unsern Gesetzen. Ihr Mann hat sich eines schweren Verbrechens schuldig gemacht; er hat eine Schrift verbreitet, in welcher Frankreich und der Kaiser der Franzosen auf das Gröblichste insultirt wird. Er hat den Urheber dieser Schrift nicht nennen wollen; so lange er das nicht that, gilt er uns dafür und muß die Strafe tragen. Da er mir kein Bekenntniß ablegen wollte, habe ich ihn der höhern Behörde über-geben. Herr Palm befindet sich seit zwei Stunden schon auf dem Wege nach Anspach, wo der General Bernadotte über ihn richten wird.

Ich werde also nach Anspach gehen, zum General Bernadotte,

sagte Anna, und ohne den General weiter eines Blickes zu würdigen, wandte sie sich um und verließ das Gemach.

Sie wollte gleich jetzt, gleich in dieser Stunde schon abreisen, aber ihr Bemühen war vergeblich, sie konnte keinen Wagen finden, der sie befördert hätte. Bei der Post waren alle Pferde requirirt für das Gefolge und die Transportwagen des Marschalls Berthier, der sich nach München begeben sollte, und die Besitzer von Miethswagen wei= gerten sich bei der herannahenden Dunkelheit und der Unsicherheit der Landstraßen, die Reise zu unternehmen.

Anna mußte also warten, bis der Morgen kam, und sie benutzte die langen Stunden der Nacht, um eine Bittschrift aufzusetzen, welche sie, wenn der Marschall Bernadotte ihr eine Unterredung verweigerte, ihm übersenden wollte.

In der Frühe des nächsten Morgens endlich trat sie ihre Reise an, aber die Wege waren sandig und schlecht, die Miethsgäule träge und kraftlos, erst am späten Abend kam sie am Ziel ihrer Reise, in Anspach an.

Wieder mußte sie eine lange trostlose Nacht warten. Keiner konnte oder wollte ihr Antwort geben auf ihre angstvollen Fragen, ob Palm wirklich hier sei, ob man ihn nicht abermals weiter transportirt habe.

Innerlich bebend vor Angst und Entsetzen, aber fest entschlossen, Alles zu wagen, nichts unversucht zu lassen, was zu Palm's Rettung dienen könnte, begab sich Anna am andern Morgen in die Wohnung des Marschalls Bernadotte.

Der Adjutant des Marschalls empfing sie und fragte sie nach ihrem Begehr.

Ich muß den Herrn Marschall selbst sprechen, denn in seinen Mienen werde ich lesen, ob er meinen Gatten begnadigen oder ver= nichten will, sagte Anna. Ich beschwöre Sie, mein Herr, haben Sie Erbarmen mit dem Schmerz einer Frau, welche für den Vater ihrer Kinder bangt und zittert. Verschaffen Sie mir eine Audienz bei dem Herrn Marschall.

Ich werde sehen, was sich thun läßt, sagte der Adjutant, gerührt von dem tiefen Seelenschmerz, der aus dem bleichen Antlitz der jungen

Frau sprach. Aber schon einige Minuten, nachdem er hinausgegangen war, kehrte er zurück.

Madame, sagte er achselzuckend, es thut mir leid, aber Ihr Wunsch kann nicht erfüllt werden. Der Herr Marschall will ganz und gar nichts mit dieser Sache zu thun haben und lehnt jede Betheiligung an derselben ab. Aus diesem Grunde hat er auch Herrn Palm, der gestern, gleich Ihnen, eine Audienz bei dem Herrn Marschall begehrte, nicht angenommen, und ich mußte ihn statt seiner empfangen, wie ich jetzt die Ehre habe, Sie zu empfangen.

Oh, Sie haben meinen Gatten gesehen? fragte Anna fast freudig. Sie haben mit ihm gesprochen?

Ich habe ihm dasselbe im Namen des Marschalls gesagt, was ich Ihnen jetzt sage, Madame. Der Herr Marschall ist außer Stande, für Ihren Gatten irgend etwas zu thun. Der Befehl zu seiner Verhaftung ist unmittelbar von Paris aus dem Cabinet des Kaisers gekommen, und es ist also nicht in des Marschalls Macht, ihn rückgängig zu machen, oder den Lauf des Gesetzes zu hemmen. Auch befindet sich Herr Palm nicht mehr hier. Schon gestern beim Einbruch der Nacht ist er weiter transportirt.

Wohin? Oh, mein Herr, Sie werden Mitleid mit mir haben, Sie werden mir sagen, wohin mein unglücklicher Gatte gebracht worden.

Madame, sagte der Adjutant, sich scheu umsehend, als fürchte er das Ohr eines Horchers, er ist nach Braunau gebracht worden.

Anna stieß einen Schrei des Entsetzens aus. Nach Braunau, sagte sie athemlos. Nach Braunau, das heißt, außer Landes. Man will einen Bürger und Unterthan Baierns für ein Vergehen, das er in seinem Vaterlande begangen haben soll, nicht nach bairischem Gesetz, sondern nach dem Gesetz eines fremden, uns feindlichen Staates richten. Man hat meinen Mann nach Oesterreich geschleppt.

Verzeihen Sie, sagte der Adjutant lächelnd, die Stadt Braunau gehört noch nicht wieder zu Oesterreich, sie ist bis zu dieser Stunde noch französisches Gebiet, denn wir hatten sie während des Krieges eingenommen und besetzt, und wir haben sie noch nicht wieder an

Oefterreich ausgeliefert. Herr Palm wird also in Braunau nach den Gefetzen Frankreichs gerichtet werden.

Oh, dann ift er verloren, rief Anna fchmerzvoll, dann giebt es für ihn keine Rettung mehr.

Wenn er fchuldig ift, Madame, fo hat er Strafe verdient, wenn er unfchuldig ift, wird er ungefährdet bleiben, denn die Gefetze Frank-reichs find unparteiifch und gerecht.

Oh, mein Herr, fagte Anna faft ftolz, es giebt Dinge, welche nach den Gefetzen Ihres Landes ftrafwürdig, fogar verbrecherifch erfcheinen können, welche aber nach dem Gefetze eines deutfchen Landes keine Strafe, vielmehr Lob und Anerkennung verdienten.

Wenn das, was Herr Palm gethan, von diefer Art ift, dann be-daure ich ihn, fagte der Adjutant achfelzuckend. Aber, fügte er leifer hinzu, ich will Ihnen einen Rath geben. Eilen Sie nach München, wenden Sie fich an den dortigen franzöfifchen Gefandten. Wenn er Ihnen eine Audienz verweigert, fo fenden Sie ihm eine Bittfchrift, in welcher Sie die Angelegenheit Ihres Gatten genau und der Wahrheit gemäß auseinanderfetzen und um feine Vermittlung bitten.

Und wenn er meine Bittfchrift unbeantwortet läßt? Wenn er fich weigert, fich für mich zu verwenden?

Dann bleibt Ihnen noch ein letztes Mittel. Dann wenden Sie fich an den Marfchall Berthier, der jetzt auch in München ift, er ver-mag viel bei dem Kaifer, er allein ift dann im Stande, Ihnen zu helfen. Aber verlieren Sie keine Zeit.

Ich werde in diefer Stunde noch abreifen, mein Herr, und ich danke Ihnen führen Ihren Rath und Ihre Theilnahme. Ich fehe wohl, daß Sie nichts für mich thun können, aber Sie haben mir Ihr Mit-leid gegeben, und ich danke Ihnen dafür. Leben Sie wohl, mein Herr!

Eine Stunde fpäter befand fich Anna auf dem Wege nach München. Nach einer ermüdenden Fahrt von vier Tagen, — denn damals gab es noch nicht, wie heute, chauffirte Wege oder gar Eifenbahnen, — hatte fie München erreicht und nahm dort in einem Gafthof ihr Quartier.

Sie war hier ganz fremd, fie hatte keine Freunde, keine Befchützer, keine Empfehlungen, und es war daher natürlich, daß fie alle Pforten verschlossen, alle Ohren taub fand. Niemand mochte Mitleid haben mit dieser armen, geängsteten Frau, Niemand mochte ihre Klagen anhören, denn ihre Klagen waren zugleich Anklagen gegen den mächtigen und gewaltigen Mann, der jetzt seine Hand über Baiern ausgestreckt hielt, und es in derselben zerdrücken konnte, wenn er den Willen dazu hatte.

Anna fand also keine Unterstützung, nicht einmal Gehör bei den deutschen Behörden. Sie ging zu allen Ministern, zu allen Denen, welche durch ihr Amt und ihr Ansehen verpflichtet gewesen waren, sich ihrer Angelegenheit anzunehmen. Sie wagte sich sogar in das Schloß des Königs und stand stundenlang in der Vorhalle, immer hoffend, daß man ihr Flehen berücksichtigen, daß sich irgend eine Thür für sie öffnen werde.

Aber alle Thüren waren für sie verschlossen, auch die des französischen Gesandten. Sie hatte ihn vergebens um eine Audienz gebeten, als ihr diese verweigert ward, hatte sie seinem Attaché eine Bittschrift übergeben, welche sie sich von einem Rechtsgelehrten hatte aufsetzen lassen, und in der alle Anklage= und Vertheidigungs=Punkte genau erörtert und erwogen wurden. Acht Tage lang wartete sie auf eine Antwort, acht Tag lang ging sie jeden Morgen in das Hôtel des französischen Botschafters und fragte mit derselben sanften und flehenden Stimme, ob kein Bescheid für sie da, ob keine Antwort auf ihre Bitte erfolgt sei.

Am achten Tage erhielt sie den Bescheid, daß es keine Antwort auf ihre Bittschrift gäbe, daß der französische Gesandte nichts in dieser Angelegenheit zu thun vermöge.

Anna weinte nicht und klagte nicht, sie empfing diese Nachricht mit der sanften Ruhe einer Märthrerin, und statt in Klagen auszubrechen, betete sie. Sie betete, daß Gott ihr Kraft geben möge, nicht zu verzweifeln, nicht zusammen zu sinken, sie betete, daß Gott ihrem Körper Stärke verleihen möge, damit er sie nicht hindere, ihre Pflicht zu thun, und für ihren Geliebten weitere Hülfe zu suchen.

Gekräftigt und innerlich gehoben von diesem Gebet, begab sich Anna jetzt in das Hôtel des Marschalls Berthier, — nur war ihr

Schritt langsamer, nur glühten ihre Wangen, welche bis jetzt farblos
gewesen, in flammender Röthe, und ihre bis jetzt wie erstarrten Hände
waren brennend heiß.

Sie verlangte nicht, bei dem Marschall Berthier eine Audienz zu
haben, denn sie hatte sich schon resignirt, sie wußte schon, daß ihr
dieselbe verweigert werden würde, sie brachte nur ein zweites Exemplar
der Bittschrift, welche sie dem französischen Gesandten übergeben, und
sie flehte nur, daß man ihr mindestens bald eine Antwort möge zu
Theil werden lassen.

Dies Mal sollte ihr Flehen nicht unerhört bleiben, und schon am
dritten Tage erhielt sie einen Bescheid.

Aber dieser Bescheid war trostloser noch, als alles Schweigen.
Der Marschall Berthier ließ ihr durch seinen Adjutanten melden, daß
Palm in Braunau vor ein Kriegsgericht gestellt sei, und daß es daher
für jede Vermittelung und jede Bitte zu spät sei, denn das Kriegsgericht
allein könne jetzt noch entscheiden.

Ein einziger durchbringender Schmerzensschrei rang sich aus Anna's
Brust, als sie diese Nachricht erhielt. Dann ward sie wieder ganz still,
ganz gefaßt und ruhig. Ohne irgend eine andere Klage, eine Bitte,
verließ sie das Hôtel des Marschalls und kehrte in den Gasthof zurück.

Mit vollkommener Ruhe und Gelassenheit beauftragte sie den
Kellner, ihr die Rechnung zu bringen, und ihr einen Wagen zur so-
forten Abreise zu besorgen.

Eine Viertelstunde später erschien die Wirthin des Hôtels selber,
um der Frau Palm die verlangte Rechnung zu bringen. Sie fand
Anna ruhig am Fenster sitzen, die Hände im Schooß gefalten, das
Haupt zurückgelehnt an die hohe Lehne des Stuhls, und mit weitge-
öffneten Augen zum Himmel empor starrend. Ihr kleiner Reisekoffer
stand fertig und geschlossen mitten im Zimmer.

Schweigend reichte ihr die Wirthin das Papier dar, und wandte
sich dann zur Seite, um die Thränen nicht sehen zu lassen, die beim
Anblick dieser bleichen, sanften jungen Frau in ihre Augen traten.

Anna stand auf und zählte ruhig das Geld auf den Tisch hin.
Ich danke Ihnen, Madame, für alle Aufmerksamkeit und Freundlichkeit,

ie ich in Ihrem Hause gefunden habe, sagte sie. Nur finde ich, daß Sie meine Rechnung zu niedrig angesetzt haben. Sie müssen vielerlei zu notiren vergessen haben, denn es ist nicht möglich, daß ich in dieser langen Zeit meines Hierseins nicht mehr gebraucht haben sollte.

Madame, sagte die Wirthin bewegt, ich würde glücklich sein, wenn Sie mir erlaubten, gar nichts von Ihnen anzunehmen, aber ich weiß, daß Sie das verletzen würde, und deshalb brachte ich meine Rechnung. Wenn Sie mir gestatten wollten, meinem Herzen zu folgen, so sagte ich: gönnen Sie mir die Ehre, einer so edlen, tapfern und getreuen Frau Gastfreundschaft in meinem Hause gewährt zu haben, und wenn Sie mir das zusagten, dann würde ich auch den Muth finden, Ihnen eine Bitte auszusprechen, die ich jetzt nicht wagen darf, weil Sie sie für Egoismus halten würden.

Sprechen Sie sie nur immerhin aus, sagte Anna milde, ich habe seit vierzehn Tagen so viel gebeten, und bin so oft abgewiesen worden, daß es mich wahrhaftig erheben würde, von Andern eine Bitte zu hören, die ich erfüllen könnte.

Nun denn, Madame, sagte die Wirthin, Anna's Hand nehmend, und sie ehrfurchtsvoll an ihre Lippen drückend, dann bitte ich Sie, bleiben Sie hier, reisen Sie nicht ab. Gönnen Sie mir das Glück, Sie hier in meinem Hause zu haben, ein wenig für Sie zu sorgen, und Sie zu pflegen, wie eine Mutter ihre Tochter pflegen würde. Ich bin alt genug, um Ihre Mutter sein zu können, und Sie, mein geliebtes, armes Kind, Sie bedürfen der Pflege, denn Sie sind krank.

Ich fühle keine Schmerzen, ich bin nicht krank, sagte Anna mit einem Lächeln, welches ergreifender war, als laute Klagen.

Sie sind krank, rief die Wirthin, Ihre Hände brennen in Fieberhitze, und die Rosen, die auf Ihren Wangen blühen, sind keine natürlichen, sondern nur die Zeichen Ihres innern Leidens. Sie haben in dieser ganzen Zeit kaum die Speisen berührt, die man Ihnen vorsetzte, sehr oft sind sie Nachts gar nicht im Bett gewesen, und statt zu schlafen, sind Sie stundenlang im Zimmer auf- und abgegangen. Jetzt wüthet das Fieber in Ihrem zarten Körper, und wenn Sie sich nicht schonen, und keine Arzeneien gebrauchen, wird Ihr Körper erliegen.

Nein, er wird nicht erliegen, sagte Anna, mein Herz wird ihn aufrecht halten.

Aber auch Ihr Herz wird brechen, wenn Sie sich nicht schonen, rief die Wirthin gerührt. Bleiben Sie hier, ich beschwöre Sie, reisen Sie nicht ab! Bleiben Sie als Gast in meinem Hause.

Anna legte ihre brennende Hand auf die Schulter der Frau, und sah sie mit einem langen, innigen Blick an.

Sie waren verheirathet? fragte sie. Sie liebten Ihren Mann?

Ja, sagte die Wirthin mit hervorbrechenden Thränen, ich war verheirathet, und Gott weiß es, daß ich meinen Mann liebte. Wir haben zwanzig Jahre in Frieden und Glück mit einander gelebt, und als er im vorigen Jahre starb, da starb auch mein ganzes Lebensglück.

Er war krank, nicht wahr, und Sie haben ihn gepflegt?

Er war vier Wochen lang krank, und ich bin Nacht und Tag nicht von seinem Lager gewichen.

Nun also, was würden Sie dem geantwortet haben, der Sie von dem Sterbelager Ihres Mannes hätte zurückhalten, der Sie hätte bereden wollen, Ihren Mann in seinen Todesschmerzen zu verlassen, weil das Ihre Gesundheit angreifen könnte? Würden Sie sich haben zurückhalten lassen?

Nein, ich würde den für meinen Feind gehalten haben, der mir einen solchen Vorschlag gemacht hätte, und ich würde ihm geantwortet haben: es ist mein heiliges Recht, an dem Sterbelager meines Mannes zu stehen, seinen letzten Seufzer von seinen Lippen fortzuküssen, ihm die Augen zuzudrücken, und kein Mensch auf der Welt soll mich daran hindern!

Nun, denn, meine liebe Mutter, ich sage, wie Sie gesagt haben: es ist mein heiliges Recht, an dem Sterbelager meines Mannes zu stehen, und ihm die Augen zuzudrücken. In Braunau ist das Sterbelager meines Mannes, ich bin nicht so glücklich, wie Sie es gewesen, ich kann ihn nicht pflegen, nicht in seinen Schmerzen bei ihm sein und ihn trösten, aber ich kann in seiner Sterbestunde bei ihm sein. Meine Mutter, wollen Sie Ihrer Tochter nun noch sagen, daß sie hier bleiben, daß sie sich pflegen und schonen soll, statt nach Braunau zu reisen zu dem Sterbelager ihres Gatten?

Nein, meine Tochter, rief die Frau, nein, ich sage: reisen Sie! Gönnen Sie sich keine Minute Erholung, bevor Sie nicht bei Ihrem Mann sind. Gott wird sie geleiten und Sie beschützen, denn er ist die Liebe, und erbarmt sich Derer, welche in der Liebe wandeln! Reisen Sie also mit Gott, aber um Ihres Mannes willen, nehmen Sie stärkende Nahrung zu sich, versuchen Sie essen und zu schlafen, damit sie neue Kräfte gewinnen, denn Sie werden sie gebrauchen!

Geben Sie mir etwas Stärkendes, ich will es essen, Mutter, rief Anna, ihre Arme zärtlich um den Nacken der Wirthin legend, ich will auch diese Nacht zu schlafen versuchen, denn Sie haben Recht: ich werde meine Kräfte gebrauchen! Aber wenn ich gegessen habe, nicht wahr, dann darf ich sofort abreisen?

Ja, mein armes, theures Kind, dann dürfen Sie abreisen. Jetzt kommen Sie in mein Zimmer, Ihr Mahl steht schon bereit!

Eine halbe Stunde später hob die Wirthin selber Anna in den Wagen, und rief mit einer Stimme, welche von verhaltenen Thränen zitterte, rief sie: Leben Sie wohl, meine Tochter. Gott segne Sie und gebe Ihnen Kraft. Wenn Sie einst allein stehen und einer Mutter bedürfen, dann kommen Sie zu mir! Möge der Herr sich Ihrer erbarmen!

Ja, möge der Herr sich meiner erbarmen und mich mit Ihm sterben lassen, flüsterte Anna, als der Wagen mit ihr auf der Straße dahin rollte.

Um die Mittagsstunde des nächsten Tages langte sie in Braunau an; es war der Mittag des sechs und zwanzigsten August 1806.

IV.

Die Weiber von Braunau.

Indeſſen haßte Palm die ganze Zeit über in Braunau in fran=
zöſiſcher Gefangenſchaft geſeſſen. Zwei Mal nur in den ſechszehn
Tagen, die er im Kerker ſaß, hatte man ihn aus demſelben geholt, um
ihn zum Verhör zu führen, zum Verhör vor ein Kriegsgericht, das
vom General St. Hilaire eigens für dieſen Fall war zuſammengerufen
worden.

Dieſes außerordentliche Kriegsgericht beſtand aus franzöſiſchen
Generälen und Stabsofficieren; es trat mitten im Frieden in einer
deutſchen Stadt zuſammen und erklärte ſich zum competenten Richter
über einen deutſchen Bürger, der kein anderes Verbrechen begannen, als
daß er eine Schrift verbreitet hatte, in welcher das Unglück Deutſch=
lands und die Bedrückungen deutſcher Lande durch Napoleon und ſeine
Armeen beſprochen ward.

Die ganze Angelegenheit war mit einer ſolchen Eile und Ver=
ſchwiegenheit betrieben worden, daß die deutſchen Behörden in Braunau
kaum etwas davon vernommen hatten, während das franzöſiſche Kriegs=
gericht ſchon bereit war, das Urtheil zu fällen.

Uebrigens wollte man ſich doch den Schein der Unparteilichkeit und
Geſetzlichkeit bewahren, und bevor das Kriegsgericht Palm daher vor
ſeine Schranken gerufen, hatte man ihm davon Anzeige gemacht und
ihm die Wahl gelaſſen, ſich gegen die Anklage ſelbſt zu vertheidigen,
oder ſich einen Vertheidiger zu wählen.

Palm, der franzöſiſchen Sprache nicht kundig, hatte das Letztere
vorgezogen, und zu ſeiner Vertheidigung einen in Braunau anſäßigen
Juriſten gewählt, mit dem er perſönlich bekannt, ja faſt befreundet
war, und von dem er wußte, daß er der franzöſiſchen Sprache voll=
kommen mächtig ſei.

Allein dieſer Freund lehnte es ab, ein Freund in der Noth zu ſein.
Er entſchuldigte ſich mit einem ſtarken Unwohlſein, das ihn an ſein
Bett feſſele und ihm alles Sprechen unmöglich mache.

Palm erhielt diese Entschuldigung erst als er in den Sitzungssaal trat, in welchem das Kriegsgericht versammelt war, er mußte sich daher wohl entschließen, seine Vertheidigung selbst zu führen und seine Worte den Herrn des Kriegsgerichts durch einen Dolmetscher übersetzen zu lassen.

Und er war überzeugt, seine Vertheidigung gut geführt, und die= jenigen, welche sich zu seinen Richtern aufgeworfen hatten, von seiner Unschuld überführt zu haben.

Er zweifelte daher auch nicht einen Moment an seiner baldigen Erlösung, er erwartete jeden Tag die Nachricht, daß man seine Unschuld erkannt habe und ihn daher der Freiheit und seiner Familie zurückgebe. Diese Zuversicht ließ ihn die einsame Kerkerhaft mit frohem Muth er= tragen, und in diesen Tagen voll Entbehrung und Pein mit heiterem Auge hinschauend auf die goldigen Tage der Zukunft, wo er wieder zu seinem Hause, sanft behütet von dem liebenden Auge seines jungen Weibes, das Herz erfreut von dem Anblick seiner beiden holden Kinder, in den Armen der Liebe ruhen würde nach den Tagen voll Arbeit und Mühsal.

Aus solchen freudigen Zukunftsträumen weckte ihn am Morgen des sechsundzwanzigsten August das Eintreten des Schließers und einiger Soldaten, welche kamen, ihn vor das Kriegsgericht zu rufen, und von demselben sein Urtheil zu empfangen.

Gott sei Dank, rief Palm frohmüthig, mein Urtheil, das heißt meine Freilassung. Kommt, laßt uns gehen, denn Ihr seht wohl, mein Kerker ist heiß und dumpfig und ich sehne mich nach der frischen fröhlichen Gottesluft, die ich so lange entbehrt habe. Laßt uns also gehen, damit ich meinen heißersehnten Urtheilsspruch empfange.

Und mit einem freundlichen Lächeln reichte er dem Schließer, welcher mit finsterm Gesicht und mürrischen Mienen an der Thür stand, die Hand dar. Schaut nicht so finster drein, Balthasar, sagte er. Waret ja doch sonst immer ein gar munterer Geselle und habt mir oft die langen, einsamen Stunden durch Euer gemüthliches Plau= dern verkürzt. Nehmt meinen Dank für Eure Freundlichkeit und Milde. Ihr hättet mich viel quälen und martern können und Ihr habt es nicht gethan, sondern seid immer gefällig und mitleidsvoll gewesen. Ich danke Euch, dafür, Balthasar und ich bitt' Euch, nehmt dies von mir zum Andenken.

Er zog eine goldene, reich mit Steinen besetzte Busennadel aus seinem Halstuch und reichte sie dem Schließer dar.

Aber dieser streckte die Hand nicht darnach aus, sondern wandte sein Haupt mürrisch zur Seite.

Ich darf nichts annehmen von Gefangenen, brummte er verdrießlich.

Nun, dann werde ich Euch besuchen, sobald ich frei bin und von dem freien Mann werdet Ihr wohl ein kleines Andenken annehmen, nicht wahr? fragte Palm freundlich.

Der Schließer antwortete nicht auf diese Frage, sondern rief mürrisch: macht, daß Ihr fort kommt, es ist die höchste Zeit!

Palm lachte und dem Schließer einen Abschiedsgruß zunickend, verließ er in der Mitte der Soldaten das Gefängniß.

Armer Mann, er ahnt nichts, brummte der Schließer vor sich hin, und seine Züge waren jetzt milde und weich, und seine Augen feucht von Thränen. Armer Mann, er glaubt, daß sie ihm die Freiheit geben wollen! Ja wohl, die Freiheit, aber nicht die, welche er meint und hofft.

Palm folgte seinen Führern mit heiterm Muth in den Saal, in welchem die Herren des Kriegsgerichts versammelt waren und auf hohen Lehnstühlen sitzend, die in einem Halbkreis aufgestellt, die Breite des Saals einnahmen, das Kommen des Gefangenen erwarteten.

Er grüßte sie mit ruhiger Stirn und freiem, offenem Wesen, keine Spur von Befangenheit oder Furcht war in seinem ganzen Wesen, sein Auge heftete sich mit einem hellen Glanz auf die Lippen des Generals St. Hilaire, der dem Gericht präsidirte und sich jetzt von seinem Sessel erhob. Der beisitzende Secretair des Gerichts näherte sich alsdann dem General und überreichte ihm ein Papier in Form eines Actenstückes.

Der General nahm es und einen strengen Blick hinüber werfend auf Palm, sagt er: das Kriegsgericht hat heute einstimmig und einmüthig Ihr Urtheil gesprochen. Vernehmen Sie es durch meinen Mund!

Die übrigen Officiere erhoben sich von ihren Plätzen, um stehend der Vorlesung zuzuhören. Ihre Gesichter waren feierlich ernst, und zum ersten Mal fühlte Palm sich ergriffen von einem ahnungsvollen Schrecken, und er fragte sich, ob man so viel Feierlichkeit und so viel Ernst anwenden würde, wenn man ihm bloß verkündigen wolle, daß er unschuldig und daher frei sei.

Eine kleine Pause trat ein, dann erhob der General seine Stimme, und mit lauter vernehmlicher Stimme las er: „In Anbetracht, daß überall wo eine Armee sich befindet, es die erste und nöthigste Pflicht ihres Chefs ist, über ihre Sicherheit und Erhaltung zu wachen; in Anbetracht, daß die Verbreitung von Schriften, welche den Aufruhr und den Meuchelmord provociren, nicht blos die Sicherheit der Armee, sondern auch die der Nationen bedrohe; in Anbetracht, daß nichts dringender und nothwendiger ist, als das Umsichgreifen solcher Lehren zu hemmen, welche ein Attentat auf die Menschenrechte sind, auf die Achtung, die man gekrönten Häuptern schuldig ist und eine Beleidigung für die ihrer Regierung unterthänigen Völker, welche mit einem Wort alle Ordnung der Dinge und alle Subordination untergraben; in Anbetracht alles dessen hat die Commission einstimmig erklärt, und erklärt, daß alle Verfasser, Drucker, Colporteure und Verbreiter von Libellen, die den oben angegebenen Charakter an sich tragen, sollen angesehen werden, als beschuldigt und überführt des Verbrechens des Hochverraths. Demgemäß wird der hier gegenwärtige Johann Friedrich Palm überführt der Verbreitung des Libells „Deutschland in seiner tiefsten Erniedrigung," als Hochverräther angeklagt und hat die Commission ihn einstimmig und einhellig dieses Verbrechens schuldig erklärt. Die Strafe des Hochverräthers ist der Tod. Der Hochverräther Johann Friedrich Palm ist daher zum Tode verurtheilt; dieses Urtheil soll heute Mittag um zwei Uhr an ihm vollzogen werden. Um zwei Uhr wird er erschossen werden. Johann Friedrich Palm, Sie haben Ihr Urtheil empfangen. Bereiten Sie sich zum Tode."*)

Langsam und schwer, jedes Wort betonend, wiederholte der Dol-

---

*) Mémoires d'un homme d'état. IX. 247.

metſcher dem unglücklichen Palm die Sentenz des Kriegsgerichts, und langſam und ſchwer wie kalte Thränen fiel jedes dieſer Worte auf Palm's Herz, und machte es erſtarren. Aber nicht bloß erſtarren in Schreck und Entſetzen, ſondern auch in Entſchloſſenheit und Ruhe.

Dieſen fremden Männern mit den kalten, gleichgültigen Geſichtern gegenüber wollte er keine Schwäche verrathen. Seinen Mördern wollte er nicht die Freude bereiten, ihn zittern zu ſehen.

Sein Weſen zeigte daher nur feſte Entſchloſſenheit, ernſte Ruhe. Einen einzigen flammenden Blick voll ſtolzer Verachtung ſchleuderte er auf ſeine Richter hin.

Nun wohl, ſagte er laut und feſt, ich werde ſterben, ich werde zu Gott gehen, um vor ſeinem Thron Euch zu verklagen, Euch, die Ihr allem Völkerrecht und allem Geſetz Hohn ſprechend, mich nicht gerichtet, ſondern gemordet habt. Mein Blut komme auf Eure Häupter!

Gefangener, ſagte der General St. Hilaire ruhig, haben Sie vor Ihrem Tode noch einen Wunſch, ſo ſagen Sie ihn. Wenn ſeine Er= füllung möglich iſt, wird er Ihnen nicht verweigert werden!

Ich habe nur Einen Wunſch! ſagte Palm, und jetzt zitterte ſeine Stimme ein wenig, und ein Schatten flog über ſeine Stirn hin. Ich wünſche nur, daß man meiner Frau geſtatte, dieſe letzten Stunden bei mir zu ſei, und von mir Abſchied zu nehmen!

Ihrer Frau? fragte der General. Iſt Ihre Frau denn hier? Und wenn ſie hier iſt, wer hat es gewagt, es Ihnen zu ſagen?

Niemand hat es mir geſagt, erwiederte Palm, auch weiß ich nicht, ob ſie hier iſt, aber ich ahne es. Es iſt ja ſo natürlich, daß ſie mir hierher gefolgt iſt. Man erlaube mir alſo, ſie zu ſehen, wenn ſie kommt!

Ihre Bitte ſei Ihnen gewährt! Kehren Sie in Ihren Kerker zurück. Man wird Ihnen einen Geiſtlichen ſenden, um Sie zum Tode vorzubereiten. Soldaten, führt den Gefagenen fort!

Palm grüßte die Herren mit einer ſtolzen Bewegung des Hauptes, und hob langſam und feierlich die Hand zum Himmel empor. Ich fordere Euch vor den Richterſtuhl Gottes! ſagte er mit lauter, tönender

Stimme. Ihr habt Euch hier zu meinen Richtern aufgeworfen, dort oben wird Gott Euch richten!

Er wandte sich um und schritt den Soldaten voran aus dem Saal.

Jetzt bleibt uns nur noch übrig, die Magistratsbeamten dieser Stadt von dem, was geschehen muß, zu benachrichtigen, sagte der General nach einer kurzen Pause. Sie müssen der Execution beiwohnen, denn nicht unter dem Schleier des Geheimnisses, sondern öffentlich, vor dem Auge Gottes und der Menschen, muß die Hinrichtung stattfinden. Mögen alle Behörden, möge die ganze Stadt Zeuge sein, wie Frankreich diejenigen bestraft und richtet, welche in hochverrätherischem Erfrechen sich gegen Frankreichs Ehre und Glorie versündigt haben!

Er hob die Sitzung auf und kehrte in das Innere seiner Gemächer zurück, um nach so anstrengender Sitzung auszuruhen, und bei einem ausgesuchten Mahl sich vorzubereiten zu dem unangenehmen Geschäft, einer Hinrichtung beiwohnen zu müssen. — —

Eben schlürfte der General mit unendlichem Behagen ein Glas Malvasier und aß dazu von der würzigen Gänseleberpastete, die aus Straßburg verschrieben worden, als ein seltsames und anhaltendes Geräusch von der Straße her ihn mitten in seinen gastronomischen Genüssen störte.

Er setzte verdrießlich sein Glas hin und wandte Auge und Ohr den Fenstern zu, welche hinausführten auf den Marktplatz. Das Geräusch dauerte immer noch fort, es klang seltsam und ungewöhnlich, wie als ob ungeheure Schwärme von Bienen mit ihrem Summen die Luft erfüllten.

Der General stand auf und eilte ans Fenster.

In der That, ein seltsamer und ungewöhnlicher Anblick bot sich ihm dar. Wie ein einziges schwarzes Meer wogte der ganze Marktplatz von Menschen, nicht von drohenden, wildbewegten Menschen, die mit erhobenen Fäusten und funkelnden Augen daher stürmten in Aufruhr und Empörung, sondern von solchen, deren Augen mit Thränen angefüllt waren, deren Arme sich flehend erhoben.

Es waren Weiber und Kinder allein, welche den Platz anfüllten, welche in feierlichem Zuge durch die nächstgelegenen Straßen daher kamen. Wie ein Lauffeuer hatte sich durch ganz Braunau die Nachricht verbreitet, daß das Kriegsgericht das Urtheil gefällt, daß Palm kraft desselben heute Mittag um zwei Uhr im Festungsgraben sollte erschossen werden.

Die Bürger hatten diese Nachricht mit dumpfer Wuth, mit stummem Entsetzen aufgenommen; die Behörden und die Beamten des Magistrats hatten den Befehl erhalten, sich um die festgesetzte Stunde in ihrer Amtstracht auf dem Richtplatz einzufinden, um Zeuge der Execution zu sein.

Zu schwach zum Widerstand, und wohl wissend, daß sie von ihren eigenen höheren deutschen Behörden keinen Beistand zu erwarten hätten, blieb ihnen keine Wahl. Dem Gesetz der Nothwendigkeit sich fügend, erklärten sie sich also bereit, den Befehlen des französischen Generals zu folgen und auf dem Richtplatz zu erscheinen.

Aber wo alle Männer zagten, wo sie alle scheu und feig ihren Schmerz und ihre Demüthigung hinunter würgten, da erhoben sich die Frauen in der echten kühnen Begeisterung ihres Schmerzgefühls. Sie konnten nicht drohen, nicht ihre Hand bewaffnen mit dem Schwert, wie die Männer, aber sie konnten flehen und bitten, und statt der Waffen in ihren Händen hatten sie die Thränen in ihren Augen.

Wenn Du nicht gehen willst, um für einen deutschen Bürger Recht und Gerechtigkeit zu fordern, so werde ich es thun, hatte die Frau des Bürgermeisters von Braunau zu ihrem Gatten gesagt. Du hast zu sorgen für das Wohlergehen der Stadt, ich aber will für ihre Ehre sorgen. Ich will nicht, daß dieser Tag für uns eine ewige Schmach sei, und daß die Geschichte einst zu berichten habe von der sclavischen Furcht, mit welcher wir uns demuthsvoll dem Willen des französischen Tyrannen gefügt hätten. Ihr Männer wollt nicht bei dem General für Palm sprechen, nun wohl, so werden wir Frauen es thun, und Gott wenigstens wird unsere Worte hören und die Geschichte wird sie aufbewahren!

Sie wandte ihrem Gatten den Rücken und ging, um ihre Freundinnen zu benachrichtigen und ihre Boten durch die Stadt zu senden.

Und von Straße zu Straße, von Haus zu Haus tönte der Ruf:

legt Trauerkleider an, Ihr Frauen, und kommt hinaus auf die Straße.
Laßt uns zum General St. Hilaire gehen und für das Leben eines
deutschen Mannes bitten!

Kein Ohr hatte sich diesem heiligen Ruf verschlossen, kein Frauen-
herz hatte sich ihm abgewandt. Aus allen Häusern und aus allen
Hütten kamen sie daher, die Gräfin sowohl wie die Bettlerin, die
Greisin sowohl wie das junge Mädchen; die Mütter führten ihre Kinder
an den Händen, und die Bräute liehen ihren Großmüttern ihre Schulter,
um sich darauf zu lehnen.

Vor dem Hause der Bürgermeisterin ordnete sich der Zug, dann
schritten sie paarweise und langsam, wie die schwachen Füße der
schwankenden Greisinnen und der zarten Kinder es erforderten, durch
die lange Straße dahin, dem Marktplatz zu.

Der General St. Hilaire stand noch immer am Fenster und blickte
staunend hinunter auf das seltsame Gewühl, als die Thür sich öffnete
und sein Adjutant eintrat.

Kommen Sie hierher und sehen Sie, rief ihm der General lachend
entgegen. Die Tage der großen Revolution scheinen hier einen Nach-
klang zu finden, und die Weiber scheinen sich zu empören, wie sie es
damals thaten. Oh, mein Gott, ich entsinne mich noch sehr wohl
jenes Tages, als die Weiber nach Versailles zogen, um mit ihrem
Zetergeschrei die Königin zu erschrecken und vom König Brot zu erflehen.
Aber ich bin doch keine Marie Antoinette, und in meinen Händen
wachsen keine Kornfelder. Was mögen sie also von mir wollen?

General, eine Deputation der Frauen ist eben in das Hôtel gekommen und bittet um eine Audienz bei Ew. Excellenz.

Ist die Deputation hübsch? fragte der General lachend.

Die Frau des Bürgermeisters und die ersten Bürgerinnen der
Stadt gehören zu der Deputation, sagte der Adjutant ernst.

Und was wollen sie von mir?

General, sie wollen Ew. Excellenz anflehen, die Hinrichtung des
deutschen Buchhändlers noch zu verschieben und ihm eine Gnadenfrist
zu gönnen, damit sie Zeit gewinnen, sich um Gnade an den Kaiser
zu wenden.

Unmöglich, rief St. Hilaire verdrießlich, es ist Zeit, daß diese unangenehme Geschichte endlich begraben und vergessen sei! Keinen Aufschub, keine Frist! Sagen Sie das diesen Weibern. Ich will endlich Ruhe haben. Was liegt denn an diesem Menschen! Sind nicht Tausende der Edelsten und Besten auf unsern Schlachtfeldern begraben, und die Welt ist ruhig weiter gegangen? Sie wird also auch weiter gehen, wenn der Herr Palm nicht mehr da ist. Wahrhaftig, es ist ein Lamento um diesen deutschen Buchhändler, als wenn er das einzige derartige Exemplar in dem druck- und schreibseligen Deutschland wäre! Gehen Sie und schicken Sie die Frauen fort, ich will nichts von Ihnen hören. Wenn aber die jüngste und schönste zu mir heraufkommen will, um mir einen Kuß zu geben, so mag sie's thun.

Der Adjutant entfernte sich und der General trat wieder an das Fenster, um hinunter zu schauen auf das wogende Frauenmeer. Er sah, wie sein Adjutant jetzt aus dem Hause trat und zu der Gruppe von Frauen hinschritt, die etwas abgesondert von den andern stand, und ihn zu erwarten schien. Er sah, wie sein Adjutant mit ihnen sprach, und wie die Frauen dann sich umwandten und den übrigen ein Zeichen gaben.

Sofort sanken alle die Frauen auf ihre Knie nieder, und die gefalteten Hände emporhebend, begannen sie in lauten und feierlichen Accorden ein frommes, heiliges Lied zu singen, ein Lied um Erbarmen an Gott und die heilige Jungfrau.

Der General bekreuzigte sich unwillkürlich, und vielleicht ohne es zu wissen, faltete er seine Hände zum stillen Gebet.

Abermals öffnete sich die Thür und sein Adjutant trat wieder ein.

Sagen Sie, was bedeutet dies? rief der General. Ich beorderte Sie, die Frauen nach Hause zu schicken, und statt dessen richten sie sich häuslich ein auf dem Platz und singen und plärren ihre Wehklagen.

General, die Frauen beharren bei ihrer Bitte. Sie begehren durchaus Ew. Excellenz selber zu sprechen, um aus Ihrem eigenen Munde zu hören, ob wirklich kein Aufschub, keine Gnade möglich ist. Sie erklären, sie würden den Platz nicht verlassen, bevor sie Ew. Excellenz nicht gesprochen hätten, und wenn man mit Kartätschen unter sie feuerte.

Ah bah, man wird ihnen nicht die Freude bereiten, sie zu Märtyrerinnen zu machen, rief St. Hilaire mürrisch. Kommen Sie, ich will der Sache ein Ende machen. Ich will selbst hinunter gehen und sie heim schicken.

Er winkte seinem Adjutanten, ihm zu folgen, und ging eiligen Schritts hinunter auf den Marktplatz, gerade hinein in den Kreis der Frauen.

Das heilige Lied verstummte, aber die Frauen erhoben sich nicht von ihren Knieen, nur senkten sich ihre Blicke, welche bis jetzt zum Himmel empor gewandt gewesen, auf den General hin, und ihm streckten sie jetzt ihre gefalteten Hände entgegen.

In diesem Moment kam mitten durch das dichte Menschengewühl ein bestäubter Reisewagen die Straße heraufgefahren und bog auf den Marktplatz ein, um vor dem großen dort belegenen Gasthof anzuhalten. Eine bleiche junge Frau lehnte aus dem Wagen und blickte staunend auf das wunderbare Schauspiel hin, das sich da vor ihren Blicken entfaltete.

Die knieenden Frauen, welche den ganzen Marktplatz erfüllten, achteten nicht auf den Wagen, es kam ihnen gar nicht in den Sinn, ihre Reihen zu öffnen, um ihn durchzulassen, er mußte also anhalten und warten.

Die junge bleiche Frau, als fühle sie, daß das, was alle Frauen hier auf ihre Kniee niederwarf, auch sie angehen müsse, verließ hastig den Wagen und näherte sich den knieenden Frauen.

Auf einmal hörte sie eine laute gebieterische Stimme, welche fragte: was begehren diese Damen von mir? Sie haben verlangt mich zu sprechen, hier bin ich! Was verlangen Sie von mir?

Gnade! riefen hundert und aberhundert Stimmen. Aufschub der Hinrichtung! Gnade für Palm!

Ein lauter fürchterlicher Schrei tönte von den Lippen der bleichen jungen Reisenden, wie beflügelt eilte sie vorwärts, gerade zu dem General hin.

Ein Gemurmel der Verwunderung erhob sich in den Reihen der Frauen; ihr Instinct sagte ihnen, daß hier etwas Außerordentliches sich begebe, ihre Herzen begriffen, daß diese todesbleiche junge Frau, die jetzt mit leuchender Brust, mit flammenden Augen dem General gegenüber stand, in irgend einer nähern Beziehung zu dem armen Verurtheilten stehen müsse. Jede hielt den Athem an, um ihre Stimme zu hören, ihre Worte zu verstehen.

Sie flehen um Gnade für Palm? fragte die bleiche junge Frau mit einer Stimme, in welcher ihre ganze Seele zitterte. Sie sprechen von Hinrichtung? Ihr wollt ihn also ermorden? Ihr habt ihn also schmählich und schändlich verurtheilt?

Und während sie so fragte, bohrten sich ihre Augen wie zwei Dolchspitzen in das Antlitz des Generals.

Wägen Sie Ihre Worte besser ab, ich bitte, sagte der General rauh, das Kriegsgericht hat den Hochverräther verurtheilt; er wird also nicht gemordet, sondern gestraft für ein begangenes Verbrechen. Und aus diesem Grunde, fuhr er, den Frauen zugewandt mit lauterer Stimme fort, aus diesem Grunde kann ich auch Ihre Bitte nicht erfüllen. Das Kriegsgericht hat das Urtheil ausgesprochen, ich habe nicht die Macht, den Spruch rückgängig zu machen. Der Kaiser Napoleon allein könnte das, wenn er hier wäre. Aber da er in Paris, also unerreichbar ist, so muß das Gesetz seinen Lauf haben. Heute Mittag um zwei Uhr wird Palm erschossen!

Erschossen! schrie die junge Frau, und einen Moment taumelte sie, als wolle sie zusammen brechen, aber dann raffte sie sich muthig wieder zusammen, und ihre Arme weit ausstreckend nach den Frauen hin, rief sie: bittet mit mir, meine Schwestern, daß ich Palm sehen, daß ich ihm Lebewohl sagen kann! Ich bin sein Weib, und ich bin gekommen, um mit ihm zu sterben!

Und wie eine gebrochene Lilie sank sie zu des Generals Füßen hin. Im Kreise der Frauen wogte es auf, wie wenn ein plötzlicher Windstoß die Wellen bewegt, ein Murmeln und Seufzen, ein Weinen und Aechzen erfüllte die Luft, und war die einzige Sprache, das einzige Flehen, dessen die bewegten Frauen mächtig waren.

Der General neigte sich zu Anna nieder und hob sie auf. Madame, sagte er laut genug, um auch von den anderen Frauen gehört zu werden, Madame, Ihre Bitte ist Ihnen gewährt. Die einzige Gnade, welche der Verurtheilte sich erbeten hat, ist diese, daß er Sie vor seinem Tode noch sehen könnte, und wir haben sie ihm gewährt. Folgen Sie also meinem Adjutanten, er wird Sie zu ihm führen. Palm erwartet Sie!

Ah, ich wußte es wohl, daß er mich erwartet, und daß Gott mich zur rechten Zeit zu ihm führen würde! rief Anna, ihre freudestrahlenden Blicke zum Himmel empor gewandt.

V.

Die Todesstunde.

Palm war in seinen Kerker zurückgekehrt, ohne eine Klage auszustoßen, einen Vorwurf zu äußern. Nichts in seinem Wesen verrieth seinen tiefen Seelenschmerz, seine tiefe Empörung. Er mußte wohl, daß weder seine Klagen, noch seine Vorwürfe sein Schicksal zu ändern vermöchten, und er wollte es daher tragen und hinnehmen wie ein Mann.

Mit einem rührenden Lächeln grüßte er Balthasar, der ihn an der Thür seines Kerkers empfing, und der nicht mehr nöthig hatte, die Thränen zu verbergen, die in seinen Augen standen.

Armer Freund, sagte Palm freundlich, du wußtest also schon, was mir bevorstand, und es erbarmte Dich, mich so heiter zu sehen. Nun, jetzt wirst Du mein Geschenk wohl annehmen können, denn nun werde ich doch frei, so frei, daß keine Bande und Fesseln mich jemals mehr halten können. Und Du hast mir versprochen, mein Geschenk nicht zurückzuweisen, wenn man mir die Freiheit wiedergegeben hätte. Ich habe sie erhalten, Freund, nimm also!

Er nahm die Nadel von dem Tisch und reichte sie dem Schließer dar. Dieser empfing sie mit einem kaum unterdrückten Seufzer, und als er sich niederbeugte, um die Hand zu küssen, welche sie ihm dargereicht, fiel eine glühende Thräne aus seinen Augen auf Palm's Hand nieder.

Oh, sagte Palm gerührt, ich gab Dir nur ein kleines Goldgeschmeide, und Du giebst mir dafür einen Diamanten! Ich danke Dir, mein Freund, und ich weiß, Du wirst in meiner Todesstunde für mich beten! Jetzt gönne mir eine Stunde des Alleinseins, denn ich muß mich sammeln und mit Gott berathen über das, was mir bevorsteht. Darfst Du mir Feder und Papier geben?

Ich habe es schon in die Chatoulle Ihres Tisches gelegt, sagte Balthasar leise, alle Verurtheilten haben das Recht, ihren letzten Willen für ihre Familie niederzuschreiben, und ich schwöre Ihnen beim ewigen Gott, daß ich das, was Sie schreiben, an seine Adresse befördern will.

Ich danke Dir, Freund, laß mich also allein, daß ich schreiben kann. Aber höre! Entferne Dich nicht zu weit, bleib in dem Corridor, damit, wenn sie kommt, Du gleich da bist aufzuschließen.

Sie? fragte der Schließer. Was für eine sie?

Palm stockte, er konnte das Wort nicht gleich aussprechen, denn die Thränen stiegen aus seinem Herzen empor und legten sich schwer auf seine Zunge! Meine Frau! sagte er endlich mühsam. Geh und erwarte sie, denn sie kommt gewiß!

Er winkte Balthasar hinauszugehen und setzte sich dann matt und erschöpft auf seinen Binsensessel nieder. Einen Moment kam der ganze Jammer und die ganze Erdenqual über ihn und wälzte sich wie eine Lawine auf sein Herz hin. Er neigte sein Haupt auf seine Brust, die Arme hingen schwer und schlaff an seinem Körper nieder, und einzelne Thränen, groß wie Kinderthränen, brennend wie Feuer, rollten über seine Wangen nieder. Aber dies dauerte nicht lange, denn gerade diese heißen Thränen weckten ihn wieder und rüttelten ihn auf aus der Betäubung seines Schmerzes.

Er richtete sein Haupt wieder empor und trocknete die Thränen von seinen Wangen fort. Ich habe keine Zeit zu weinen, sagte er leife vor sich hin, meine Stunden sind gezählt und ich muß an meine Anna schreiben. Mein Vermächtniß für sie und meine Kinder!

Er nahm aus der Chatoulle das Schreibgeräth, das Balthasar sorglich für ihn bereit gelegt, und setzte sich an den Tisch, um zu schreiben. Nur wählte er seinen Platz so, daß er die Thür seines Kerkers immer vor Augen hatte, und oft, während er schrieb, hoben sich seine Blicke von dem Papier empor und richteten sich lauschend nach der Thür hin.

Jetzt hörte er in der That Schritte, welche sich näherten, jetzt ward der Schlüssel in das Schloß gesteckt.

Palm legte die Feder hin und stand auf.

Die Thür öffnete sich, Anna trat ein. Sie schwebte ihm entgegen mit einem seligen Lächeln; er schloß sie in seine Arme, und ihr Haupt küssend, welches an seiner Brust ruhte, flüsterte er leise: Gott segne Dich, daß Du gekommen bist! Ich wußte es wohl, daß ich Dich nicht vergeblich erwarten durfte!

Der Schließer stand an der geöffneten Thür und weinte. Sein Schluchzen erinnerte Palm an ihn.

Balthasar, sagte er bittend und mit der Hand auf Anna hindeutend, die immer noch schweigend an ihm ruhte, Balthasar, Du wirst mich mit ihr allein lassen, nicht wahr, mein Freund?

Es ist strenger Befehl, die Verurtheilten niemals allein mit Andern zu lassen, murmelte Balthasar, Sie könnten ihnen leicht Waffen zu= stecken, oder Gift, sagen die klugen Herren.

Palm legte seine Hand wie zum heiligen Schwur auf das Haup seiner Frau. Balthasar, sagte er, bei diesem heiligen und geliebten Haupt schwöre ich Dir, daß ich mein Leben nicht freiwillig enden will. Ich schenke es meinen Mördern. Willst Du mich jetzt allein mit ihr lassen?

Ich will es, denn es wäre grausam, es nicht zu thun, sagte Balthasar. Was Sie einander zu sagen haben, darf nur Gott hören! Ich gebe Ihnen eine halbe Stunde, dann werden die Beamten und die Priester kommen, und es steht alsdann nicht mehr in meiner Macht, tiefe Thür verschlossen zu halten. Aber bis dahin soll auch Niemand Sie stören.

Er verließ den Kerker und schloß die Thür hinter sich zu.

Die beiden Gatten waren jetzt allein bei einander, sie hatten eine halbe Stunde zum letzten Zwiegespräch, zum letzten Lebewohl.

Es giebt heilige Momente, welche, wie der Flügel des Schmetterlings, von der leisesten Berührung einer Menschenhand verletzt werden, und denen man sich daher nicht nahen darf, es giebt Worte, die kein menschliches Ohr belauschen soll, und Thränen, die nur Gott zählen darf.

Nach einer halben Stunde öffnete der Schließer wieder die Thür und trat ein. Palm und seine Gattin standen mitten in dem Raume, und sich mit dem einen Arm umschlungen haltend, schauten sie einander an, ruhig, klar und lächelnd, wie zwei von der Erde entrückte Geister.

Das Papier, auf welchem Palm geschrieben, lag nicht mehr auf dem Tisch, sondern ruhte jetzt auf Anna's Herzen, der goldene Trauring, den Palm an seinem Finger getragen, war von demselben verschwunden und glänzte jetzt neben ihrem eigenen Trauring an Anna's Hand.

Der Geistliche ist da, sagte der Schließer, und auch die Soldaten stehen schon im Corridor. Es ist die höchste Zeit.

So gehe denn, Anna, sagte Palm, seinen Arm, der ihren Nacken umschlungen hielt, zurückziehend.

Aber sie warf sich mit einem einzigen langen Schmerzensschrei an seine Brust. Du verurtheilst mich also zum Leben? rief sie schmerzvoll. Du willst unsere Wege trennen? Oh, sei barmherzig, mein Geliebter, denke daran, daß wir uns gegenseitig vor dem Altar geschworen haben, Leben und Tod mit einander zu theilen! Laß mich also mit Dir sterben!

Nein, sagte er innig und fest, nein, Anna, Du sollst mit mir leben! Meine Kinder sind mein Leben und mein Herz, das mit mir fortlebt! Jeden Morgen werde ich Dich grüßen aus den Augen unserer Kinder, und wenn sie Dich umarmen, so denke, daß es meine Arme sind, welche Dich umschließen. Lebe für unsere Kinder, Anna, lehre sie ihren Vater lieben, der zwar nicht mehr bei ihnen ist, dessen Seele aber Dich und sie umschwebt! Schwöre mir, daß Du leben und das Leben muthig und fest ertragen willst!

Ich schwöre es, sagte sie leise.

Und jetzt, meine Anna, verlaß mich! Meine letzten Momente gehören Gott!

Er küßte ihre Lippen, welche kalt waren wie Marmor, und geleitete sie sanft der Thür zu.

Nun hob Anna ihr Haupt empor, mit einem langen, letzten Blick ihn anzuschauen. Du willst, daß ich leben soll, sagte sie, ich werde es thun, so lange es Gott gefällt. Ich nehme also Abschied von Dir, aber nicht auf ewig und auf nicht gar lange Zeit. Wir Menschen sind ja Alle nur arme Wanderer, welche der Wille Gottes hinausgeschickt hat auf die Erde zur Wanderschaft. Aber zuletzt öffnet er uns doch wieder die Pforten der Heimath und ruft uns wieder heim! Ich hoffe auf meine Heimkehr, mein Geliebter. Auf Wiedersehen also!

Auf Wiedersehen!

Sie reichten sich noch einmal die Hand und schauten sich an mit einem Lächeln, das wie der letzte Strahl der untergehenden Sonne ihr Antlitz verklärte.

Dann schritt Anna, rückwärts gehend, um ihn immer noch zu sehen, um sein Bild tief in ihr Herz zu prägen, über die Schwelle. Der Schließer drückte rasch die Thür hinter ihr zu.

Draußen hörte Palm einen herzzerreißenden Schrei, dann ward Alles still.

Einige Minuten später öffnete sich wieder die Thür, und ein katholischer Geistlicher trat ein.

Meine Frau ist ohnmächtig geworden, nicht wahr? fragte Palm.

Nein, sie schien nur, als die Thür sich schloß, von einem plötzlichen Schwindel ergriffen, dann aber raffte sie sich wieder empor und eilte fort. Der Herr möge ihr gnädig sein!

Er wird es sein, sagte Palm zuversichtlich.

Er möge auch Ihrer sich erbarmen, mein Sohn, sagte der Priester. Lassen Sie uns beten, öffnen Sie mir Ihre Seele und Ihr Herz!

Meine Seele und mein Herz liegen frei vor Gott da, er wird

sie schauen und sie richten, sagte Palm. Ich gehöre nicht zu Ihrer Kirche, mein Vater, ich bin Protestant. Aber wenn Sie mit mir beten wollen, so thun Sie es, und wenn Sie mir Ihren Segen ertheilen wollen, so werde ich ihn dankbar annehmen, denn einem Sterbenden thut es immer wohl, eine segnende Hand auf seiner Stirn zu fühlen!

Die Glocke schlug zwei Uhr und jetzt wirbelten die Trommeln, und vom Kirchthurm begann das Armesünderglöcklein zu läuten. In ganz Braunau herrschte eine tödtliche, schauerliche Stille. Alle Häuser waren geschlossen, alle Fenster verhangen.

Niemand wollte dem fürchterlichen Schauspiel zusehen, das der Despotismus des fremden Gewalthabers ihnen bereitete. Die Frauen und Kinder waren in ihre Häuser zurückgekehrt und in ihren verhüllten Stuben lagen sie auf ihren Knieen und beteten. Die Männer hielten sich verborgen, um ihre Schaam und ihre Wuth nicht sehen zu lassen.

Niemand war daher auf der Straße, als die fürchterliche Procession sich nahete. In der Mitte von Soldaten und Gensd'armen kam ein elender Karren daher gerumpelt. Rückwärts auf diesem Karren, die Hände auf dem Rücken zusammen gebunden, saß Palm; ihm gegenüber der Geistliche, mit dem Crucifix in der Hand, Gebete murmelnd.

Die deutschen Bewohner Braunau's hatten wohlgethan, ihre Thüren zu verschießen und ihre Fenster zu verhängen, denn es war die Schmach nnd das Elend Deutschlands, welche da durch die Straßen rasselten!

Aber nicht alle waren so glücklich gewesen, daheim bleiben zu dürfen. Der Wille des fremden Gewalthabers hatte über sie anders bestimmt und die Magistratsbeamten und die Behörden hatten sich in ihrer Amtstracht hinaus begeben auf den Richtplatz.

Da standen sie, stumm vor Schaam, Erstaunen und Entsetzen, die Augen niedergeschlagen, den Sclaven gleich, welche durch das Joch hindurch gehen!

Hinter ihnen standen hundert Zuschauer, aber nicht solche Leute, denen die Hinrichtungen nur ein pikantes Schauspiel, eine seltene Zerftreuung find, fondern Männer mit düftern, zornigen Blicken, Männer, welche gekommen waren, um heimlich in ihren Herzen an dieſer Stelle, wo ein letztes Stück deutſcher Ehre ſich verbluten ſollte, dem Frevler eine heilige Rache zu ſchwören. Das Blut des Märtyrers ſollte ſie begeiſtern zu der endlichen, heiligen That der Sühne!

Palm war von dem Karren herniedergeſtiegen, und mit raſchem entſchloſſenem Schritt ging er zu der Stelle hin, die man ihm bezeich= nete und neben welcher ein friſch aufgeworfenes Grab ſich befand.

Die Hand des Profoſes zurückwehrend, entledigte er ſich ſelber ſeines Oberkleides und warf es hinter ſich in das offene Grab. Dann richtete er ſeine Blicke hinüber nach der Seite, wo der Magiſtrat, wo ſeine deutſchen Brüder ſich befanden.

Freunde, rief er laut, möge mein Tod Euch Segen bringen, möge mein Blut Euch nicht vergebens vergoſſen ſein, ſondern Euch vielmehr —

Lautes Trommelwirbeln übertönte ſeine Worte.

Der General winkte, ſechs Schüſſe krachten.

Palm ſank zur Erde, aber er richtete ſich wieder empor. Nur eine einzige Kugel hatte ihn getroffen, das Blut ſtrömte aus ſeiner Bruſt, aber er lebte noch.

Eine zweite Rotte trat vor, auf's Neue krachten ſechs Schüſſe!

Aber die Soldaten, welche gewohnt waren, in der Schlacht ihr Ziel ſicher in's Auge zu faſſen, hatten hier, wo ſie Henkerdienſte thun ſollten, ihr Auge abgewandt, und ihre Hände, welche niemals in der Schlacht gezittert hatten, zitterten jetzt.

Zum zweiten Male erhob ſich Palm von der Erde, ein leuchendes, blutendes Opfer, das mit ſeinen emporgehobenen blutigen Händen den Himmel anzuflehen ſchien um Rache und Vergeltung.

Eine dritte Gewehrſalve krachte.

Dies Mal richtete Palm ſich nicht wieder auf. Er war todt! Gott hatte ſeine Seele empfangen. Sein blutiger Körper lag auf der deutſchen Erde, als wolle er ſie düngen zum Werk der Vergeltung.

———

VI.

Die Kriegserklärung Preußens.

König Friedrich Wilhelm der Dritte hatte heute noch nicht sein Kabinet verlassen. Seit dem frühesten Morgen hatte er sich in dasselbe zurückgezogen, um zu arbeiten. Landkarten, Schlachtpläne und aufgeschlagene Bücher lagen auf den Tischen um ihn her, und in ihrer Mitte saß der König, sinnenden Blicks und sorgenvoller Miene.

Ein leises Klopfen an der Thür störte ihn in seinen Gedanken. Der König hob sein Haupt empor und horchte. Das Klopfen wiederholte sich.

Das kann nur sie sein, sagte er vor sich hin, und ein leises Lächeln flog durch seine Züge. Er eilte nach der Thür hin und öffnete sie.

Seine Ahnung hatte ihn nicht getäuscht. Es war die Königin, welche da vor der Thür stand. Lächelnd, anmuthsvoll und heiter wie immer, trat sie in das Kabinet ein, und reichte ihrem Gemahl ihre Hand dar.

Zürnst Du mir, mein theurer Freund, daß ich Dich gestört habe? fragte sie zärtlich. Aber mir schien, Du habest heute lange genug für den Staat gearbeitet, und da könntest Du Deiner Luise auch wohl eine Viertelstunde weihen. Du weißt wohl, wenn ich Dich nicht am Morgen gesehen habe, so fehlt meinem Tage der rechte Sonnenschein, und er ist grau und düster. Deshalb, da Du heute noch nicht zu mir gekommen bist, komme ich zu Dir. Guten Morgen, mein Herr und Gemahl.

Guten Morgen, meine Königin, sagte der König, einen Kuß auf die durchsichtig weiße Stirn der Königin drückend. Füge hinzu, guten Tag, meine theure Luise, denn ein Glückwunsch aus so schönem und edlem Munde wird hoffentlich alle bösen Geister schrecken, und machen, daß dieser Tag wirklich gut wird. Ich erwarte gar Vieles von ihm!

Die Stirn des Königs, welche sich bei dem Erscheinen der Königin ein wenig aufgeflärt hatte, bewölkte sich wieder, und er blickte düster vor sich hin.

Die Königin sah es und legte sanft ihre Hand auf seine Schulter. Du bist nicht heiter, mein Freund, sagte sie zärtlich. Soll ich nicht meinen Antheil haben an Deinem Kummer. Gebührt er Deinem Weibe nicht? Oder willst Du mir grausam entziehen, worauf ich ein Recht habe? Sprich zu mir, mein Gemahl, gieb mir meinen Antheil an Deinen Schmerzen. Vertraue mir, was diese Wolken auf Deiner edlen Stirn zu bedeuten haben, und was Deine Seele so sehr beschäftigt, daß Du darüber sogar mich und die Kinder vergißt, und uns Deines freundlichen Morgengrußes beraubst?

Aber selbst diese innigen Worte der Königin vermochten die Stirn des Königs nicht wieder zu erhellen, er vermied es, ihren schönen und leuchtenden Augen, die forschend auf ihm ruhten, zu begegnen, und wandte den Blick zur Seite.

Regierungsgeschäfte, sagte er kurz. Nichts Interessantes und Würdiges, um meiner Königin präsentirt zu werden. Wollen nicht damit die glücklichen Minuten Deiner Gegenwart verbittern! Setzen wir uns.

Die Königin kannte ihren Gemahl sehr genau, sie wußte, daß man ihm nicht widersprechen durfte, wenn er in dieser kurzen rauhen Weise sprach, und daß es dann das Beste sei, seine Verstimmung unbeachtet zu lassen, oder wo möglich sie zu zerstreuen.

Sie folgte ihm daher schweigend zu dem Divan, und setzte sich, mit einem holden Lächeln ihn einladend, neben ihr Platz zu nehmen.

Der König that es, und Luise lehnte zärtlich ihr Haupt an seine Schulter. Wie süß ist es, sein schwaches Haupt an eines starken Mannes Brust zu lehnen, sagte sie. Mir scheint, so lange ich in Deiner Nähe bin, kann mir kein Unglück nahen, und ich schmiege mich vertrauensvoll und selig an Dich, wie der Epheu, der die starke Eiche umrankt.

Der Vergleich ist nicht richtig, sagte der König, der Epheu blüht nicht und duftet nicht. Du aber bist die schönste Purpurrose, die Königin der Blumen!

Wie? Mein Herr läßt sich herab, mir Artigkeiten zu sagen? rief
die Königin mit einem frischen und fröhlichen Lachen, indem sie ihr
Haupt von des Königs Schulter erhob, und ihn schalkhaft anschauete.
Aber, mein König, Dein Vergleich ist auch nicht richtig. Die Purpur-
rosen haben Dornen und Stacheln, und verwunden Jeden, der sie berührt. Ich aber möchte um alle Herrlichkeiten der Welt Dir nicht
wehe thun und Dich verletzen! Wäre ich eine Rose, so würde ich alle
meine duftenden Blätter abschütteln, um Dir ein Kissen daraus zu bereiten, auf dem Dein edles Haupt ausruhen möchte von der Mühsal
und der Pein des Tages, und auf dem Du schöne Träume von einer
glücklichen Zukunft finden solltest.

Nur Träume von einer glücklichen Zukunft! sagte Friedrich
Wilhelm sinnend. Du magst wohl Recht haben, daß die Hoffnung auf
eine glückliche Zukunft in der That nur ein Traum ist!

Nein, rief die Königin, die strahlenden Augen zum Himmel erhebend, ich glaube fest an das Glück der Zukunft, ich glaube und weiß,
daß Gott Dich, den edelsten und schuldlosesten der Fürsten, dazu aus-
erwählt hat, den Uebermuth dieses verwegenen Tyrannen zu brechen,
der die ganze Welt unter sein despotisches Joch schmieden möchte, und
in seiner ehrgeizigen Ländergier die Hände erhebt nach allen Fürsten-
kronen! Deine Krone soll er nicht berühren! Die ist der Fels, an
dem seine Macht scheitert, und, zu dessen Füßen sich seine stolzen
Wogen brechen werden. Preußen wird die Schmach Deutschlands
sühnen, dessen bin ich gewiß, und darum bin ich auch so glücklich und
vertrauensvoll, seit Du, mein Herr und König, die Larve dieser fal-
schen Freundschaft zu dem Tyrannen weggeworfen und ihm Dein
offenes, zürnendes Feindes-Antlitz gezeigt hast. Es lag auf meinem
Herzen, wie eine schwere Wolke, so lange wir noch diplomatisirten und
vermittelten, und um Frieden buhlten, und Vortheile erhofften von
diesem Mann ohne Treu und ohne Glauben, ohne Ehrlichkeit und
Wahrheitsliebe. Jetzt, seit Du ihm feindlich gegenüber getreten, seit
Du Deine Armee in Kriegsbereitschaft gesetzt hast, jetzt ist die Wolke
verschwunden, und Alles in mir ist wieder licht und freudenhell!

Und dennoch, wer weiß, ob ich Recht gethan habe, seufzte der

König. Der Friede ist ein gar köstliches Ding, und das Volk bedarf dessen so sehr zu seinem Wohlergehen!

Aber Dein Volk will keinen Frieden, rief die Königin. Es schreit und jauchzt nach Krieg und wünscht nichts sehnlicher, als endlich diesem unseligen Zwitterzustand ein Ende gemacht zu sehen. Du hast jetzt mobilisiren lassen, und schon haben sich alle Gesichter erhellt und alle Herzen aufgerichtet, verkünde Deinem Volk, daß Du dem Usurpator den Krieg erklären willst, und ganz Preußen wird sich jauchzend er= heben, und wie zu einem Siegestanz auf das Schlachtfeld eilen.

Du sprichst von der Armee und nicht vom Volk, sagte der König. Die Armee freilich ist kampfesdurstig und ist auch überzeugt, daß sie siegen wird. Indeß, wer weiß, ob sie sich nicht irrt. Es ist lange her, daß wir uns geschlagen haben, während Napoleons Heere kriegs= gewohnt, kriegsgeschult sind, und täglich im Felde stehen.

Das Heer Friedrichs des Großen, das Heer meines Königs hat nichts zu fürchten von den Horden des Barbaren! rief die Königin mit flammenden Augen.

Der König zuckte leicht die Achseln. Ich bedarf der Verbündeten, sagte er, allein vermag ich diesen Kampf nicht auszukämpfen. Wenn die norddeutschen Höfe meiner Einladung folgen, wenn sie sich mir an= schließen, wenn endlich Oesterreich auf meinen Vorschlag eingeht, und sich mit mir vereinen will, dann hoffe ich auf glücklichen Erfolg. — Dies Alles wird sich noch heute entscheiden, denn ich erwarte heute die Rückkehr zweier wichtiger Abgesandten, die Rückkehr Hardenbergs, der meine Vorschläge nach Wien gebracht, und die Rückkehr Lombards, den ich an die kleineren deutschen Höfe abgeschickt, um ihnen ein Schutz= und Trutzbündniß anzubieten, im Gegensatz zum deutschen Rheinbund Napoleons. Ich gestehe Dir, Luise, ich zittere vor ihren Antworten, ich kann heute keinen andern Gedanken fassen, keinem andern Gefühl mich hingeben, als nur diesem Einen! Und nun weißt Du, fuhr er lächelnd fort, weshalb ich heute Morgen sogar vergessen konnte, Dich zu begrüßen. So geht es! Ich wollte die Unruhe als Geheimniß in meiner Brust bewahren, aber wo giebt es ein Mittel einer solchen Zauberin zu widerstehen. Du weißt nun Alles!

44*

Und weißt Du auch schon die neue Unthat, die der Thrann verübt
hat? fragte die Königin. Weißt Du, daß er auf deutschem Boden.
herrscht und befiehlt, als wäre Deutschland nur noch seine Provinz und
alle Fürsten seine Vasallen? Mitten im Frieden hat er einen deutschen.
Bürger aus seinem Hause wegschleppen, auf deutschem Boden hat er
ein französisches Kriegsgericht zusammentreten lassen, und dies Kriegs=
gericht hat es gewagt, einen deutschen Bürger zum Tode zu verur=
theilen, blos weil er, ein deutscher Buchhändler, eine Schrift verbreitet
hat, welche Deutschlands Erniedrigung beklagt. Weißt Du, daß Palm
erschossen worden?

Ich weiß es schon seit drei Tagen, sagte der König düster. Ich
verschwieg es Dir, um Dich nicht zu betrüben!

Aber die öffentliche Meinung verschweigt heute nichts, rief Luise
glühend, und die öffentliche Meinung von ganz Deutschland schreit
gegen den Thrannen, der so deutsches Recht und deutsche Ehre mordet.
In allen Städten werden Sammlungen eröffnet für Palms Familie,
für sein junges Weib und seine Kinder. Die Armen und die Reichen
beeilen sich je nach ihren Kräften, den Hinterlassenen des Märtyrers
Gaben der Liebe darzubringen, und glaube mir nur, dieses Geld, das
Deutschland jetzt für Palms Wittwe sammelt, wird eine Drachensaat
sein; es werden einst geharnischte Krieger aus ihm hervorgehen, und
aus dem unschuldig vergossenen Blut wird Deutschlands Rache auf=
blühen! Vergönne mir, mein Freund, auch meinen Antheil zu haben
an dieser Saat der Liebe und der Rache. Man brachte mir heute
Morgen eine Liste, auf welcher sich die ersten und edelsten Familien mit
namhaften Summen für Palms Wittwe unterzeichnet hatten, und man
fragte bei mir an, ob es gestattet sei, daß auch meine Damen und
mein Hofstaat unterzeichnen dürften. Ich möchte es ihnen gewähren,
aber ich möchte mehr thun, ich möchte selber unterzeichnen, und mein
Scherflein beisteuern. Willst Du es mir gestatten?

Man wird das wieder für eine Demonstration halten, sagte der
König unruhig, man wird sagen, daß wir Streit und Unfrieden suchen
und die Gemüther aufregen möchten zum Mißvergnügen! Ich glaube,
es wäre klüger, nicht vor der Zeit eine öffentliche Demonstration zu

machen, sondern zu warten und still zu sein, bis die rechte Zeit ge=
kommen ist.

Und wann wird diese rechte Zeit kommen, wenn sie jetzt noch nicht
da ist? rief die Königin schmerzvoll. Gedenke, mein Geliebter, an all
die Kränkungen und Demüthigungen, die wir in letzter Zeit von diesem
Despoten erduldet haben, und welche Du, in edler, großmüthiger Re=
signation, · um Deinem Volk den Frieden zu erhalten, unbeachtet ge=
lassen. Bedenke, daß er allein Dich bestimmte Hannover zu occupiren,
daß er Dir den Besitz desselben garantirte, und jetzt, da Deine Truppen
es besetzt haben, heimlich und ohne Dir ein Wort zu sagen, sich an
England wendet, ihm den Frieden anbietet, und als Friedenspfand vor=
schlägt, Hannover wieder mit England zu vereinen, und sich erbietet,
es wieder zurückzugeben.*)

Es war eine schwere Beleidigung, rief der König ungewöhnlich
lebhaft, ich habe darauf geantwortet, indem ich die Mobilisirung meiner
Armee befahl.

Aber unsere Armeen stehen gerüstet still und warten, rief die Königin
schmerzlich, und in Paris verhandelt General Knobelsdorf mit Bona=
parte um den Frieden!

Er soll verhandeln und diplomatisiren, bis ich bereit bin und ge=
rüstet, rief Friedrich Wilhelm, bis ich weiß, wer von den deutschen
Fürsten sich für und wider mich erklärt. Man muß vor allen Dingen
seine Streitkräfte kennen, um seine Pläne machen zu können. Ich muß
daher wissen, wer mit mir ist!

Gott ist mit Dir und Deutschlands Ehre, rief die Königin, und
auf Einen treuen Freund kannst Du mit Sicherheit zählen.

Du meinst den Kaiser von Rußland? fragte der König. Ich habe
freilich gestern einen Brief von dem Kaiser erhalten, in welchem er
meldete, „daß er mit einem Heer von siebenzigtausend Mann, unter
seiner persönlichen Anführung, als treuer Freund und Nachbar mir zur
Hülfe ziehen, und rechtzeitig auf dem Schlachtfeld erscheinen werde,
sei's am Rhein oder jenseits desselben!"

*) Historisch. Siehe: Häusser, Deutsche Geschichte. V. 754.

Oh, der edle und treue Freund! rief die Königin freudenvoll.

Ja, sagte der König bedächtig, er verspricht viel, aber russische Versprechungen marschiren schneller, als russische Heere.*) Ich fürchte, die Begebenheiten werden uns so fortreißen, daß wir nicht warten können, bis der Kaiser mit seiner Armee da ist. Sobald Napoleon ahnt, daß meine Rüstungen ihm gelten, wird Er es sein, der mir den Krieg erklärt. Er ist immer schlagfertig, seine Armee ist immer auf dem Kriegsfuß. Mag er sein, was er will, er ist jedenfalls ein tapferer und großer Feldherr, und ich weiß nicht, setzte der König leise hinzu, ich weiß nicht, ob wir einen Feldherrn von gleichem Talent ihm ent= gegen zu stellen haben. Oh, Luise, ich beneide Dich um Deine Sicher= heit, um Dein kühnes Vertrauen! Hegst Du denn gar keine Zweifel, keine Unruhe?

Unruhe? rief die Königin mit einem stolzen Lächeln. Ich glaube und bin überzeugt, daß es jetzt nur Eins giebt, was man thun muß. Man muß das Ungeheuer bekämpfen, man muß es niederschmettern, und dann erst darf man von Unruhe sprechen!**) Ich glaube außer= dem an die göttliche Vorsehung, ich glaube an Dich, meinen edlen, hochsinnigen und tapfern König und Gemahl, und ich glaube an Deine große und herrliche Armee, welche vor Kampfbegierde brennt! Ich glaube an den guten Stern Preußens!

Oh, mir scheint, daß er jetzt sehr von Wolken bedeckt ist, sagte der König traurig.

Der Schlachtendonner wird sie zerstreuen, rief Luise begeistert. Der Pulverdampf reinigt ja die Luft, und nimmt ihr die schädlichen Dünste!

Eben öffnete sich leise die Thür und der Kammerdiener des Königs erschien in derselben.

Majestät, sagte er, Se. Excellenz der Minister Baron von Harden= berg bittet um eine Audienz.

---

*) Des Königs eigene Worte.
**) Der Königin eigene Worte. Siehe: Schriften von Friedrich von Gentz. Th. IV. S. 169.

Du siehst, die Entscheidung naht, sagte der König, seiner Gemahlin zugewandt. Ich werde den Minister sogleich bitten, einzutreten. Der Kammerdiener entfernte sich. Der König ging schweigend, die Hände auf dem Rücken gefaltet, einige Male auf und ab. Luise wagte es nicht, ihn zu stören, nur ihre leuchtenden Augen folgten jeder seiner Bewegungen mit einem Ausdruck inniger Sorge, zärtlicher Theilnahme.

Plötzlich, mitten im Zimmer, blieb der König stehen und athmete hoch auf. Ich weiß nicht, sagte er, mir ist fast freudig und glücklich zu Muthe, daß ich endlich vor der letzten Entscheidung stehe. Franz von Sickingen hat wohl Recht: „Besser ein Ende mit Schrecken, als ein Schrecken ohne Ende!"

Oh, rief die Königin freudig, daran erkenne ich meinen edlen und tapfern Gemahl. Wenn er das Schreckniß nicht mehr durch mildes Wort und sanfte Klugheit bannen kann, so hebt er seinen Ritterarm empor und zerschmettert es! Aber wir dürfen Deinen Minister nicht mehr warten lassen, ich gehe also. Nur Eins noch! Erlaubst Du mir für Palms Wittwe zu unterzeichnen? Nicht als Königin, sondern nur als Frau, welche das Elend einer ihrer deutschen Schwestern mit empfindet, und aus innerm Herzensdrang ihr helfen möchte. Ich werde mich nicht nennen, die gute Oberhofmeisterin mag statt meiner unterzeichnen. Erlaubst Du es, mein Freund?

Folge Deinem edlen und großmüthigen Herzen, meine Luise, sagte der König, gieb Deinen Antheil für die arme Frau!

Dank, mein Freund, tausend Dank, rief Luise, ihrem Gemahl die Hand darreichend. Er drückte sie zärtlich an seine Lippen, und geleitete die Königin dann bis an die Thür.

Luise wollte ihm hier ihre Hand entziehen, und die Thür öffnen, um hinauszugehen, aber ihr Gemahl hielt sie fest und seine Züge nahmen einen verlegenen und befangenen Ausdruck an.

Ich möchte Dich auch noch um etwas bitten, sagte er kurz und hastig. Wenn Du die Oberhofmeisterin in Deinem Namen hast unterzeichnen lassen, so befiehl doch Deinem Hofmarschall, daß er für sich

auch dieselbe Summe zeichnet. Ich werde sie ihm aus meiner Cha=
toulle ersetzen.*)

Die Königin erwiderte nichts; sie schlang ihre schönen, weißen
Arme um den Nacken des Königs und drückte einen glühenden Kuß auf
seine Lippen, dann wandte sie sich rasch um und verließ das Gemach,
vielleicht um ihren Gemahl die Thränen nicht sehen zu lassen, die in
ihren Augen standen. —

Der König schaute ihr nach mit einem langen innigen Blick.
Oh, sagte er leise vor sich hin, sie ist der Sonnenglanz meines Lebens.
Wie öde und kalt wäre es ohne sie! — Und jetzt zu den Geschäften!

Er eilte hastig nach der entgegengesetzten Thür und öffnete sie.
Ich lasse den Minister von Hardenberg bitten, zu mir zu kommen, be=
fahl er dem Kammerdiener, der in der Antichambre wartete.

Wenige Minuten später trat Hardenberg ein. Der König ging
ihm einige Schritte entgegen und sah ihn forschend an.

Gute Nachrichten? fragte er.

Majestät, „gut“ ist ein sehr relativer Begriff, erwiderte Harden=
berg achselzuckend. Ich nenne es schon gut, wenn man eine offene
und entscheidende Antwort erhält.

Die also bringen Sie, sagte der König rasch, berichten Sie mir
zuerst das Resultat. Die weiteren Auseinandersetzungen nachher!

Ew. Majestät zu Befehl! Das Resultat ist, daß Oesterreich
neutral bleiben und jetzt keine Schlacht mehr wagen will. Seine Fi=
nanzen sind erschöpft, sein Heer ist durch die vielen Niederlagen demo=
ralisirt und muthlos geworden. Napoleon hat Oesterreich nicht blos
materiell, sondern auch moralisch besiegt. Ein panischer Schrecken vor
dem Franzosenkaiser und seinen sieggewohnten Heeren hat sich der Ge=
müther der österreichischen Soldaten bemächtigt; der Kaiser ist muthlos

---

*) In Berlin, Leipzig und in allen größeren Städten Deutschlands nicht
allein ward für Palm's Wittwe gesammelt, sondern auch in England und Ruß=
land fanden ähnliche Sammlungen statt. In Petersburg waren der Kaiser und
die Kaiserin die Ersten, welche ihren Namen auf die Subscriptionsliste setzten
und eine bedeutende Summe zeichneten. Siehe: Biographie des Johann Philipp
Palm. München 1842.

und verzagt, und seine Minister wünschen nichts sehnlicher, als einen dauernden Frieden mit Frankreich. Seine Feldherren aber und Generäle fühlen eine so glühende Bewunderung für Napoleons Feldherrntalent, daß selbst der Erzherzog Carl gesagt hat: „er würde es für einen Frevel halten, noch länger gegen Napoleon zu kämpfen, statt um seine Bundesgenossenschaft zu werben."*)

Er möchte Recht haben, sagte der König, nur hätte er es statt eines Frevels eine Unbesonnenheit nennen sollen. Ich weiß wohl, daß wir jetzt nicht mehr zurück können, daß die Gewalt der Umstände uns zwingen wird, das Schwert aufzuheben und den Kampf zu wagen, aber ich verhehle mir nicht all die großen Mißstände und Gefahren, die es für Preußen hat, wenn es allein, ohne wirksame und thätige Bundesgenossen, den Kampf unternimmt. Ich bin jahrelang bemüht gewesen, Preußen vor den Schrecknissen und Uebelständen des Krieges zu bewahren, aber die Umstände sind stärker als ich und ich werde mich ihnen fügen müssen!

Im Gegentheil, die Umstände werden sich Eurer Majestät fügen müssen und das Schicksal —

Das Schicksal, unterbrach ihn der König hastig, das Schicksal ist kein Hof-Cavalier und es hat mir niemals sonderlich geschmeichelt.

Majestät, ich wollte es machen wie das Schicksal, ich wollte auch nicht schmeicheln, sagte Hardenberg lächelnd, ich wollte nur die Wahrheit sagen. Das Schicksal scheint sich uns geneigter zu erklären, das wollte ich sagen. Ich habe Briefe von dem englischen Minister Fox erhalten. Der König Georg der Dritte, da er jetzt sieht, daß Preußen Ernst macht und sich zum Kriege rüstet, ist jetzt einer Allianz mit Preußen geneigter. Das erste günstige Zeichen davon ist, daß England die Blokade der norddeutschen Flüsse aufgehoben hat; wir werden bald einen Abgesandten Englands hier anlangen sehen, um mit Preußen Frieden zu schließen und über eine Allianz zu verhandeln, die uns Truppen und Geld zuführt.

---

*) Lebensbilder aus dem Befreiungskriege. Th. III.

Möchte dieser Gesandte bald kommen, seufzte der König, denn wir bedürfen Beides, der Hülfstruppen und des Geldes.*)

Als nach einer langen Conferenz der Minister Harbenberg das Cabinet des Königs verließ, leuchtete sein Antlitz vor innerer Befriedigung und mit raschen Schritten eilte er hinunter zu seinem Wagen.

Zum Prinzen Louis Ferdinand, befahl er dem Kutscher. So schnell die Pferde laufen!

Prinz Louis Ferdinand befand sich eben inmitten seiner Freunde in seinem Musiksaal, als der Minister Harbenberg eintrat. Er saß vor dem Flügel und phantasirte. Seine Gedanken mußten heute einen erhabenen Schwung genommen haben, denn es war in der Musik, die er den Tasten entlockte, ein Strom von Begeisterung, Kraft und Gluth, und das edle Antlitz des Prinzen leuchtete wie in einer Verzückung. Dicht neben ihm, das Haupt leise an seine Schulter gelehnt, saß Pauline Wiesel, des Prinzen schöne und geistvolle Freundin, und horchte mit lächelnden Purpurlippen und feuchten Blicken auf die schönen und schwungvollen Melodieen. In der Mitte des Saals befand sich eine mit edlen Weinen und duftenden Südfrüchten besetzte Tafel, und um dieselbe saßen zwölf Herren, die meisten von ihnen in der Uniform höherer Officiere, die andern in Civil. Es waren des Prinzen militairische und gelehrte Freunde, seine täglichen Gesellschafter, die gleich Harbenberg immer das Recht hatten, unangemeldet bei ihm einzutreten.

Der Minister winkte den Herren, welche sich von ihren Sitzen erheben wollten, um ihn zu begrüßen, hastig zu, sitzen zu bleiben und eilte rasch und leise durch den Saal nach dem Prinzen hin, der ihm den Rücken zugewandt hatte und sein Kommen nicht gewahrte.

---

*) Der Gesandte England's Lord Morpeth, kam leider doch zu spät; erst am 12. October langte er in Weimar, im Hauptquartier des Königs an. Aber die französische Partei, Minister Haugwitz, Lombard und Lucchesini, wußten es zu verhindern, daß der Lord überhaupt nur eine Audienz bei dem König erlangte und fertigten ihn mit dem Bescheid ab: Die Unterhandlung hänge von dem Ausgang der Schlacht ab, die man eben schlage. Häusser: Deutsche Geschichte II. 766.

Mein Prinz, sagte er, ihm leise die Hand auf die Schulter legend, jetzt ist es entschieden, sie werden Krieg haben!

Krieg! jubelte der Prinz und sprang auf, um den Minister zu umarmen und einen Kuß auf die Lippen zu drücken, die ein so köst= liches Wort gesprochen.

Krieg! riefen die Herren an der Tafel und sie erhoben ihre Gläser und stießen jubelnd an.

Krieg? seufzte die schöne Pauline Wiesel, und indem sie sich leise an des Prinzen Schulter schmiegte, flüsterte sie: Krieg, das heißt, ich werde Sie verlieren!

Nein, das heißt, ich werde Alles gewinnen, rief der Prinz mit leuchtenden Augen. Ich beschwöre Sie, Pauline, jetzt keine weibliche Schwäche, keine Empfindsamkeit, keine Thränen! Der große Moment ist gekommen! Fassen wir ihn groß auf! Endlich, endlich sollen wir unsere Schmach sühnen, endlich unsere gebemüthigten Häupter wieder erheben können und uns nicht schämen müssen zu sagen: ich bin ein deutscher Mann.

Jetzt wird Ew. Königliche Hoheit sagen können: ich bin ein deut= scher Held! sagte Hardenberg freundlich.

Der Himmel gebe mir, daß Sie recht haben, rief der Prinz. Er gebe mir Gelegenheit, mir einen kleinen Lorbeerkranz zu verdienen, und müßte ich ihn auch sühnen mit meinem Blut und meinem Leben. Für das Vaterland sterben ist ein erhabener Tod, und wenn ich so falle, Pauline, so sollst Du nicht weinen, sondern Jubelhymnen singen und mich selig preisen! Wann, sagen Sie doch, Freund, wann wird der Krieg beginnen?

So schnell als es möglich ist, die einzelnen Armeecorps zusammen zu ziehen, erwiderte Hardenberg. Wir wissen mit Bestimmtheit, daß Napoleon rüstet, um uns anzugreifen und den Krieg zu erklären. Wir werden uns beeilen, ihm zuvor zu kommen. Preußen ist zu vielfach und zu schwer beleidigt worden, die Herausforderung muß daher von uns ausgehen.

Und der Herr Bonaparte soll uns Revanche geben, rief der Prinz mit flammenden Augen. Es soll ein amerikanisches Duell werden, nur mit dem Tobe des Einen darf es enden! Freunde, nehmt Eure Gläser und füllt sie bis an den Rand! Auch Sie, Hardenberg, hier, dieses Glas! Pauline soll es Ihnen kredenzen! Nun laßt uns trinken auf Preußens Ehre, nun ruft mit mir: Es lebe der Krieg! Es lebe der Heldensieg! Es lebe der Heldentod!

Es lebe der Krieg! Es lebe der Heldensieg! Es lebe der Heldentod! riefen die Freunde. Die Gläser klirrten, die Augen der Männer leuchteten, aber Paulinens Augen waren feucht von Thränen.*) —

Am Abend dieses Tages begab sich der König, wie gewöhnlich, zur Königin, um mit ihr den Thee einzunehmen, den sie ihm selbst servirte. Es war dies die Stunde, in welcher, der Frau Oberhofmeisterin zum Trotz, das königliche Paar alle Etiquette von sich fern hielt, und in ganz bürgerlicher Herzlichkeit und Zwanglosigkeit mit einander verkehrte.

Die Königin war daher ganz allein, als ihr Gemahl zu ihr eintrat. Keine der Hofdamen durfte ihnen den Genuß dieser traulichen Theestunde stören, nur wenn der König es wünschte, durften die königlichen Kinder kommen, um mit ihren Eltern zu plaudern, und aus den Händen ihrer schönen Mutter ihr Abendessen zu empfangen.

Die Königin ging ihrem Gemahl mit heiterm Liebesgruß entgegen und reichte ihm beide Hände dar. Nun? fragte sie zärtlich. Noch immer eine Wolke auf Deiner Stirn? Komm, laß sie mich fortküssen.

Sie erhob sich auf ihren Fußspitzen und lächelte, als sie dennoch nicht im Stande war, zu der Stirn ihres Gemahls hinaufzureichen.

Du mußt Dich zu mir neigen, sagte sie, ich bin zu klein für Dich.

Nein, Du bist groß und herrlich, und Du mußt Dich zu mir neigen, wie die Engel zu dem armen Sterblichen, sagte der König. Ach, meine Luise, ich fürchte aber, selbst Dein Kuß wird die Wolken nicht mehr von meiner Stirn verjagen.

Hast Du schlimme Nachrichten erhalten? fragte die Königin. Sind Deine Abgesandten gekommen?

---

*) Prinz Louis Ferdinand mußte seine heldenmüthige Begeisterung mit dem Tode bezahlen. Er fiel in dem Gefecht bei Saalfeld am 10. October 1806.

Sie sind gekommen. Keine Hülfe von Oesterreich! Das ist Hardenberg's Nachricht. Kein norddeutscher Bund! Das ist Lombard's Nachricht. Jeder verfolgt seine Sonderinteressen und denkt nur an sich. Kursachsen möchte gern selbst einen sächsischen Sonderbund schließen, Kurhessen verspricht uns beizutreten, wenn wir ihm vor allen Dingen eine bedeutende Gebietsvergrößerung zusichern, Oldenburg wartet, was die Andern thun, Waldeck und Lippe haben Lust sich dem Rheinbund anzuschließen, weil sie dabei mehr Vortheil sehen, und der Herzog von Mecklenburg-Schwerin hat ganz stolz geantwortet, er werde neutral bleiben; wenn er sich in Gefahr befände, würde er dankbarlichst den preußischen Schutz annehmen, aber jedes Ansuchen einer Leistung zur Verpflegung müsse er entschieden zurückweisen.*)

Oh, diese kleinlichen egoistischen Menschen! rief die Königin entrüstet. Sie wagen es, sich Fürsten zu nennen, und es ist doch kein erhabener Gedanke und nichts von der Majestät des Geistes in ihnen. Böse Saat wird ausgestreut durch den kleinlichen Sinn der Fürsten! Wehe Deutschland und uns Allen, wenn sie einst aufgeht in den Herzen der Völker! — Aber von meinem Vater sagst Du mir nichts? Was hat Mecklenburg-Strelitz geantwortet?

Es stimmt uns bei! Dein Vater ist uns treu!

Ach, aber er hat uns nur ein treues, großes Herz und tapfern Freundesrath zu geben, seufzte die Königin. Sein Land ist zu klein zu andern Hülfsleistungen. Oh, mein Gemahl, mein Herzblut gäbe ich jetzt darum, wenn ich eines mächtigen Königs Tochter wäre, und mein Vater Dir eine Armee zum heiligen Krieg entgegenführen könnte.

Die Armeen der ganzen Welt wären mit auch nur Einem Tropfen Deines Herzblutes zu theuer bezahlt, sagte der König. Dein Vater hat mir das Höchste und Herrlichste gegeben, was diese Erde trägt, ein edles, schönes Weib, eine hochherzige Königin! Dein Vater war der reichste Fürst, als er noch seine Tochter besaß, ich bin der reichste Mann, seit ich Dich besitze!

---

*) Häusser: Deutsche Geschichte II. 770.

Er schloß die Königin in seine Arme, und sie lehnte sich an ihn mit einem seligen Lächeln.

Uebrigens, sagte der König nach einer Pause, es giebt doch Einen deutschen Fürsten, der treu zu uns hält, und das ist der Herzog von Weimar.

Der Freund Göthe's und Schiller's rief die Königin.

Der Herzog stellt uns sein Jägerbataillon zur Verfügung und wird im Kriege sein Commando übernehmen.

Es kommt also jetzt zum Kriege? fragte die Königin freudig.

Ja, es kommt zum Kriege, sagte der König traurig.

Du sagst das, und du seufzest? rief Luise.

Ja, ich seufze, sagte der König. Ich bin nicht so glücklich wie Du und die Kriegslustigen, ich glaube nicht an die Unbesiegbarkeit meines Heeres. Ich fühle, daß es nicht gut gehen kann! Es ist eine unbeschreibliche Verwirrung in allen Kriegsangelegenheiten, die Herren wollen das freilich nicht glauben, und behaupten, ich wäre noch zu jung und verstände das nicht. Ach, ich wünsche von Herzen, daß ich Unrecht habe! Die nächste Zeit wird es lehren!*)

VII.

Ein böses Omen.

Das entscheidende Wort war also gesprochen. Preußen wollte endlich das Schwert aufheben, es wollte endlich Rache nehmen für jahrelange Demüthigungen!

Die Armee empfing diese Nachricht mit Jubel, und das Publikum benutzte die Gelegenheit, um seine Kriegsbegeisterung an den Tag zu legen. Es verlangte im Theater die „Jungfrau von Orleans" zu

---

*) Des Königs eigene Worte. Siehe: Hendel von Donnersmark.

fehen, und beantwortete jedes kriegerische und anfeuernde Wort Schiller's mit begeistertem Applaus. Es warf wieder einmal dem Grafen Haug= witz die Fenster ein, und brachte dem Prinzen Louis Ferdinand, dem Minister Hardenberg und den kriegslustigen Generälen eine Serenade. Alle Zeitungen glühten vor Siegesstolz, und waren schon im Voraus entzückt über die glänzenden Schlachten, welche die preußische Armee dem Feinde abgewinnen würde.

Am glücklichsten aber und stolzesten waren die Officiere, welche in trunkener Freude ihr Haupt schon umkränzt sahen von den Lorbeern, die sie sich in dem bevorstehenden Kriege erwerben würden, und deren Stolz die Möglichkeit eines Unterliegens gar nicht ahnen wollte. Die Armee Friedrich des Großen konnte nicht besiegt werden, und nur vor Einem hatte man zu zittern, nur davor, daß es dennoch wieder nicht zum Kriege kommen möchte, und daß die unvermeidliche und unabweis= bare Niederlage Bonaparte's noch einmal durch einen faulen Frieden gefährdet werde.*)

Die alten Generäle aus den Tagen Friedrichs des Großen, das waren die Helden, an welche die Officiere glaubten. „Wir haben Generäle, die den Krieg verstehen, sagten die stolzen preußischen Offi= ciere, Generäle, die von Jugend auf gedient haben; jene Schneider und Schuster, die erst durch die Revolution etwas geworden sind, können vor solchen Generälen nur gleich davonlaufen.**)

Und in der Begeisterung ihrer kommenden Siege gaben die Officiere einander glänzende Abschiedsfeste und tranken in Champagner und Rheinwein ein jubelndes Hoch auf die kommenden Schlachten, und sangen mit muthigem Gebrüll die neuen Schlachtlieder, welche Arndt dem deutschen Volk gedichtet. Dann begeistert von Zukunftsträumen, von Wein und Liedern, gingen sie Abends vor das Hôtel des franzö= sischen Gesandten, um auf den Steinen vor seiner Thür ihre Klingen zu wetzen.

Wozu aber Degen und Gewehre? riefen die Officiere zu den

---

*) Varnhagen's Denkwürdigkeiten I. 389, 390.
**) Häusser: Deutsche Geschichte II. 358.

Fenstern des französischen Gesandten hinauf, wenn die tapfern Preußen kommen, laufen die Franzosen von selber; Knüppel reichten hin, um die Kerls wieder in ihr Land zurückzujagen.*)

Aber es gab auch unter den Militairs und unter den Generälen einige kluge und besonnene Männer, welche die Befürchtungen des Königs theilten, und die gleich ihm mit ernstem und sorgenvollem Blick in die Zukunft schauten.

Diese Besonnenen kannten den Zustand des preußischen Heeres, und sie wußten, daß es nicht mehr das des siebenjährigen Krieges war, und daß kein Friedrich der Große da war, um es anzuführen.

Wohl gab es in der preußischen Armee noch viele Generäle und Officiere aus den Zeiten Friedrichs des Großen her, und diese waren natürlich kriegskundig und wohlerfahren. Aber auf ihnen lastete das Alter und die Zahl der Jahre; das Alter hemmt die Thatenlust und die Jahre machen bequem. Und dessenungeachtet glaubten sie an sich selber, und waren überzeugt, daß ihnen, den Kriegern Friedrichs des Großen, der Sieg treu bleiben müsse, und daß für sie eine Niederlage gar nicht denkbar sei.

Die Besonnenen sahen wohl mit Ehrfurcht auf die Ruinen des alten Prachtbaues, den der große König aufgerichtet, aber sie sahen doch, daß sie morsch und zerfallen waren. Sie sahen, daß das preußische Heer in vielen Dingen zurückgeblieben und unzulänglich war. Nicht bloß die Führer waren zu alt, auch die Soldaten waren ergraut, — aber nicht ergraut im Kriegsdienst und im Feldlager, sondern ergraut im Paradedienst und in den Cantonirungen. Sie verstanden nicht den Kriegsdienst, sondern nur den Kamaschendienst. Sie waren verheirathet und gingen mürrisch in den Krieg, der ihre Weiber und Kinder brodlos machte, weil er ihnen den Ernährer nahm.

Außerdem war die preußische Armee noch ganz und gar in der alten Kriegsverfassung, und nichts von den Verbesserungen, welche die weit vorgeschrittene Kriegskunst erfunden, war in sie aufgenommen.

Die Bewaffnung der Infanterie war mangelhaft und schlecht; die

---

*) Bischof Eylert: Friedrich Wilhelm III. Th. III. S. 8.

Gewehre sahen von außen glänzend aus und waren herrlich polirt und geputzt, aber ihre Construction war mangelhaft. Man hatte sie nur zum Parabedienst, nicht für die Schlacht berechnet. Außerdem herrschte bei der Infanterie noch das alte Exercier-Reglement, mit unendlich weitläuftigen Wendungen, Griffen und Evolutionen, die sich wohl auf der Parade, aber niemals in der Schlacht und vor dem Feind ausführen ließen.*)

Die Artillerie war gut beritten, aber sie hatte nur ganz alte und zum Dienst fast untaugliche Generäle; der Jüngste von ihnen hatte die Siebenziger Jahre weit überschritten.

Die Bekleidung der Armee war die elendeste, die es geben konnte, aus den erbärmlichsten, gröbsten Stoffen gefertigt, und auf's Kärglichste eingerichtet. Eben so ungenüzend war die Verpflegung, und noch ganz nach dem kärglichen Maßstab des siebenjährigen Krieges eingerichtet.

Außerdem herrschte in der Armee keine Begeisterung und kein rechter Kriegseifer. Der lange Frieden und Kamaschendienst hatte den Eifer der Soldaten abgeschwächt, und ließ sie die Pflichten des Soldatenstandes nur als eine leere Spielerei und Quälerei betrachten, bei der man sich nur mit dem Putzen der Gewehre und Riemen, mit dem richtigen Zuknöpfen der Kamaschen, und dem kunstgerechten Wickeln des Zopfes zu beschäftigen habe. Jeder Fehler gegen eine dieser Aeußerlichkeiten ward mit den härtesten Strafen belegt. Der Stock herrschte noch in der preußischen Armee und prügelte dem Soldaten das Ehrgefühl aus, indem es ihm die Disciplin einprügelte. Nicht die Kriegsbegeisterung und der Mannesmuth war es, welche den preußischen Soldaten von 1806 in den Krieg begleitete, sondern die Disciplin und der Stock.**)

Der Oberfeldherr dieser innerlich verwahrloseten und desorganisirten Armee sollte jetzt in diesem neuen Kriege der regierende Herzog

---

*) Der Krieg von 1806 und 1807. Ein Beitrag zur Geschichte der preußischen Armee. Von Eduard von Höpfner. I. 46 und folgende.

**) v. Höpfner I. 86.

von Braunschweig sein, ein Mann von mehr denn siebenzig Jahren, geistreich, kriegserfahren, aber zögernd und schüchtern im Handeln, sich selbst nicht vertrauend und daher ohne Energie und Entschlossenheit. Ihm zur Seite und an Rang ihm der nächste, stand der Generalfeldmarschall von Möllendorf, einer der Tapfersten des siebenjährigen Krieges, jetzt ein Greis von achtzig Jahren.

Aus solchen Bestandtheilen war die Armee zusammengesetzt, welche jetzt ausrücken sollte, um Napoleons ruhmbegierige, schlachtengewöhnte und kriegserfahrene Heere zu besiegen!

Die Besonnenen hatten wohl Recht zu zagen; die Sorge, welche aus den düstern Mienen des Königs sprach, hatte wohl ihre Berechtigung.

Aber alle diese Zweifel und Besorgnisse waren jetzt vergeblich, sie konnten die Dinge nicht mehr aufhalten, den Krieg nicht mehr aufschieben.

Die Gewalt der Umstände war wichtiger, als alle Zweifel, und wenn die Besonnenen leise sagten: dieser Krieg sei ein Unglück für Preußen, so jauchzte die öffentliche Meinung um so lauter: „Dieser Krieg rettet die Ehre Preußens und befreit uns von dem verhaßten Tyrannen!"

Die öffentliche Meinung hatte gesiegt, der Krieg war unabänderlich. Der General von Knobelsdorf bekam den Auftrag, dem Kaiser der Franzosen im Namen des Königs von Preußen ein Ultimatum zu überreichen, in welchem der König forderte, die französischen Heere sollten binnen vierzehn Tagen Deutschland für immer verlassen, der Kaiser sollte der Bildung des nördlichen Fürstenbundes kein Hinderniß in den Weg legen und es solle Preußen sowohl die Stadt Wesel, als auch andere von Frankreich in Besitz genommene preußische Gebiete wieder herausgeben.

Dieses Ultimatum war einer Kriegserklärung gleich zu achten und die preußische Armee also marschirte aus.

Am einundzwanzigsten September sollten die GardeRegimenter Berlin verlassen und sich zur Armee begeben, der König wollte sie begleiten.

Ueberall in Berlin herrschte eine frohe, kriegsmuthige Stimmung, mit Guirlanden und Kränzen waren alle Häuser geschmückt und in ihren Festgewändern wogten die Berliner durch die Straßen, um mit ihren Jubelstimmen und Glückwünschen die abziehenden Garden zu grüßen.

Der König hatte ihnen so eben die Parade abgenommen und begab sich jetzt zu seiner Gemahlin, um von ihr Abschied zu nehmen und dann an der Spitze seiner Garden Berlin zu verlassen.

Die Königin ging ihm mit einem strahlenden Lächeln entgegen und ein wunderbarer Ausdruck von Freude und Glück leuchtete aus ihren Augen. Der König schaute mit einem wehmüthigen Ausdruck in ihr schönes erregtes Angesicht und ihre heitere Freudigkeit machte ihn nur noch trüber.

Du empfängst mich mit einem Lächeln, sagte er, und mein Herz ist sorgenvoll und traurig. Weißt Du denn nicht, weshalb ich zu Dir komme? Ich komme, um Abschied von Dir zu nehmen!

Sie legte ihre beiden Hände auf seine Schultern und ihr ganzes Antlitz glänzte wie unter Sonnenstrahlen.

Nein, sagte sie, Du kommst, um mich abzuholen!

Der König sah sie verwirrt und erschrocken an. Wie denn, um Dich abzuholen? fragte er. Wohin willst Du denn gehen?

Jetzt schlang Luise ihre beiden Arme um ihres Gemahls Nacken und sich an ihn schmiegend, rief sie mit lauter, freudiger Stimme: Ich will mit Dir gehen, mein Gemahl!

Mit mir? rief der König.

Ja, mit Dir, sagte sie. Und glaubst Du denn, mein Freund, daß ich so heiter und freudig hätte sein können, wenn dies nicht meine Hoffnung und mein Trost gewesen wäre? Ganz heimlich und in der Stille habe ich alle Vorkehrungen getroffen, Alles bereitet und ange= ordnet. Jetzt bin ich reisefertig, nichts hält mich mehr zurück. Ich habe Alles geordnet, — ich habe sogar, setzte sie leise und mit zitternder Stimme hinzu, ich habe sogar schon Abschied genommen von den Kin= dern, und ich gestehe Dir, es hat mich Thränen gekostet. Mein halbes Herz bleibt bei ihnen zurück, aber die andere, die größere Hälfte, die geht mit Dir und bleibt bei Dir, mein Freund, mein Geliebter und

Herr! Willst Du sie zurückstoßen? Willst Du mir nicht gestatten, Dich zu begleiten?

Es ist unmöglich, sagte der König kopfschüttelnd.

Unmöglich? rief sie rasch. Wenn Du, wenn der König es will!

Der König darf es nicht wollen, Luise. Ich werde eine Zeitlang aufhören König zu sein, und nur ein Soldat im Feldlager sein. Wo ist da Raum und Bequemlichkeit für eine Königin?

Wenn Du aufhörst König zu sein, sagte Luise lächelnd, dann ist die natürliche Folge, daß ich auch keine Königin mehr bin. Wenn Du nur noch ein Soldat bist, nun, so bin ich eine einfache Soldatenfrau, und der ziemt es wohl, daß sie ihren Mann ins Feldlager begleite. Oh, Friedrich, sage nicht Nein, versage mir nicht mein höchstes Glück, mein höchstes Recht! Haben wir nicht vor dem Altar Gottes geschworen, Hand in Hand durch das Leben zu gehen, in Glück und Unglück treu und freudig an einander zu halten? Und jetzt willst Du Deines Schwurs vergessen? Willst unsere Wege trennen?

Der Weg des Krieges ist hart und rauh, sagte der König trübe.

Drum muß ich bei Dir sein, um Dir zuweilen einige Blumen auf diesen Weg zu streuen, rief die Königin freudig. Ich muß da sein, um nach den Tagen, die Du in Anstrengung und Sorge durchlebst, Dir zuweilen doch eine stille, friedliche Abendstunde zu bereiten! Ich muß bei Dir sein, um mich mit Dir zu freuen, wenn das Glück Dir leuchtet, um Dich zu trösten, wenn das Unglück Dich heimsucht. Fühlst Du denn nicht, mein Geliebter, daß wir Zwei ewig unauflöslich zu einander gehören, und daß wir unzertrennlich durch das Leben dahin schreiten müssen, sei's in Freuden, sei's in Leiden?

Ich darf nicht an mich denken, Luise, sagte der König tiefbewegt, nicht daran, welch ein Genuß es für mich sein würde, wenn ich in diesen wildbewegten und stürmischen Tagen Dich, meinen Engel des Friedens und der Freudigkeit, an meiner Seite sähe, ich darf nur an Dich denken, an die Königin, an die Mutter meiner Kinder, die ich keiner Gefahr aussetzen darf, die ich bewahren möchte vor jeder rauhen Luft und vor jeder Sorge.

Wenn ich nicht bei Dir bin, wird die Sorge mich verzehren, und

der Gram wie ein Sturmwind mich umtoben! rief die Königin leidenschaftlich. Tag und Nacht würde ich keine Ruhe haben, denn immer
würde mein Herz sich zu Dir sehnen und meine Seele um Dich sorgen.
Immer würde ich Dich vor mir sehen, verwundet, blutend, denn ich
weiß, Du wirst Deiner Person nicht schonen, Du wirst Deines Lebens
nicht achten, wenn es gilt den Sieg zu erfechten, oder die Schmach
abzuwehren. Die Kugeln schonen nicht das Haupt der Könige, und
die Schwerter gleiten nicht machtlos ab von ihrer geheiligten Gestalt.
Im Kriege ist der König nur noch ein Mann! Gestatte also der
Königin, daß sie im Kriege auch nur ein Weib sei, Dein Weib, welches
das Recht hat, Dich zu pflegen, wenn Du verwundet wirst, und Deine
Schmerzen und Sorgen mit Dir zu theilen. Oh, mein Geliebter,
hast Du den Muth, Dein Weib zu verstoßen?

Sie schaute ihn an mit thränenfeuchten flehenden Blicken, ihre
ganze schöne und große Seele leuchtete in einem Ausbruck unendlicher
Liebe aus ihrem Angesicht.

Der König, überwältigt, hingerissen von ihrem Anblick, hatte nicht
mehr die Kraft ihr zu widerstehen. Er zog sie in seine Arme, und
drückte einen langen glühenden Kuß auf ihre Stirn.

Nein, sagte er tiefbewegt, nein, ich habe nicht den Muth, Deine
Liebe zurückzuweisen. Möge geschehen, was Gott über uns verhängt
hat! Wir wollen es Hand in Hand muthvoll und entschlossen ertragen.
Nichts soll uns trennen, als der Tod! Komm, meine Luise, meine geliebtes Weib, begleite mich, wohin ich auch gehe!

Die Königin stieß einen Freudenschrei aus, und des Königs Hand
ergreifend, neigte sie sich über sie, und drückte, bevor der König es
hindern konnte, einen glühenden Kuß auf dieselbe.

Luise, was thust Du? rief der König fast beschämt, Du —

Lautes Geschrei, das von der Straße her ertönte, unterbrach ihn.
Hand in Hand eilte das königliche Paar an das Fenster.

Drüben vor dem Haupt-Portal des Zeughauses hatte sich eine
dichte Menschenmenge gebildet, schreiend und in wilder Neugierde
schienen sie alle um einen Gegenstand sich zu drängen, der in der Mitte
des größten Gewühls sich befand.

Irgend ein Unglück mußte da drüben geschehen sein. Vielleicht war ein Mensch, vom Schlag getroffen, todt nieder gefallen, vielleicht war eine Mordthat verübt, denn die Gesichter der Menschen da drüben waren bleich und entsetzt, sie schlugen verwundert die Hände zusammen, und schüttelten sorgenvoll ihre Häupter.

Der König klingelte hastig und befahl dem eintretenden Kammer= diener, sofort hinüber zu gehen zu dem Zeughaus und zu sehen, was es gäbe.

Nach wenigen Minuten schon kehrte er athemlos und keuchend zurück.

Nun, rief der König ihm entgegen, ist ein Unglück geschehen?

Ja, Majestät, aber es hat keinen Menschen betroffen! Die Statue der Bellona, welche über dem Portal des Zeughauses stand, ist plötzlich vom Giebel herunter auf das Steinpflaster gefallen.

Sie ist zerschmettert worden? fragte die Königin, deren Wangen erbleicht waren.

Nein, Majestät, aber ihr rechter Arm ist gebrochen!

Der König winkte ihm hinaus zu gehen, und ging sinnend auf und ab. Die Königin war wieder an das Fenster getreten, und ihre gen Himmel gewandten Blicke waren von Thränen umdüstert.

Nach einer langen Pause näherte sich ihr der König wieder. Luise, sagte er leise, willst Du noch mit mir gehen? Es ist sonnenhelles Wetter, kein Lüftchen regt sich, und die Statue der Bellona fällt von dem Giebel unsers Zeughauses und bricht sich den Arm. Das ist ein böses Omen! Willst Du Dich nicht davon warnen lassen?

Die Königin reichte ihm ihre Hand dar, und ihre Augen strahlten schon wieder in Liebe und Freudigkeit. Wo Du bleibst, sagte sie freudig, da bleibe ich! Dein Leben ist mein Leben, und Dein Unglück ist mein Unglück. Ich fürchte die bösen Omen nicht!*)

---

*) Noch ein anderes böses Omen geschah an diesem Tage. Der Feldmar= schall von Möllendorf, der mit den Truppen ausmarschiren sollte, fiel, als seine Diener ihn auf der linken Seite auf das Streitroß gehoben, auf der rechten wieder herunter. Siehe: F. Förster, Neuere und neueste preußische Geschichte.

VIII.

Vor der Schlacht bei Jena.

Der Abend war angebrochen. Ein kalter düsterer Abend. Die Berge des thüringer Waldes zeigten rings am Horizont ihre Häupter mit leuchtendem Schnee bedeckt, und ein schneidender Wind heulte über die Höhen und Thäler hin.

Die preußische Armee schien nun endlich am Ziel ihrer Wanderung angelangt, und hier auf den Höhen und Thälern von Jena und Auerstädt mußte der große Völkerstreit sich entscheiden, denn hier befand sich die preußische Armee der französischen endlich gegenüber.

In Auerstädt lagerte die Hauptarmee mit dem Oberfeldherrn, dem Herzog von Braunschweig, dem König und dem Generalstab.

Bei Jena befand sich die kleinere Armee mit dem Fürsten von Hohenlohe an der Spitze.

Immer noch zweifelte man nicht, daß Preußen sein großes Ziel erreichen, daß es Napoleon besiegen werde. Das unglückliche Gefecht bei Saalfeld, und der Tod des Prinzen Louis Ferdinand hatte wohl einen Moment das Vertrauen getrübt, aber nicht erschüttert.

Die Preußen froren zwar, denn sie hatten keine Mäntel, sie hungerten zwar, denn sie hatten in den letzten Tagen wegen eingetretenen Brodmangels nur halbe Portionen bekommen, aber ihre Herzen waren doch noch unverzagt, und sie sehnten sich nur nach dem Einen: nach dem entscheidenden Kampf. Die Entscheidung mußte jedenfalls ihrem Hunger ein Ende machen, entweder durch den Tod, oder durch den Sieg, der ihnen Magazine und Vorräthe öffnen mußte.

Die preußischen Truppen, die bei Jena lagerten, standen ruhig vor ihren Zelten und plauderten unter einander von den Hoffnungen der nächsten Tage, und erzählten sich, daß Bonaparte mit seinen Franzosen, sobald er gehört, daß die Preußen schon bei Jena ständen, eilends wieder von Weimar aufgebrochen sei und den Rückmarsch angetreten habe nach Gera hin.

Dann wird es also noch länger dauern, bis wir den Franzosen packen können, riefen einige Soldaten. Dachten, wir hätten ihn endlich sicher und er könnt' uns nicht mehr entschlüpfen, und nun, da er uns wittert, findet er doch noch ein Mauseloch, wo er hinausschlüpfen kann.

Aber wir wollen ihm dies Mauseloch auch noch verstopfen, sagte eine mächtige Stimme neben ihnen, und wie die Soldaten sich erschrocken umwandten, sahen sie ihren Feldherrn, den Fürsten von Hohenlohe, der mit seinen Adjutanten durch das Lager schreitend, eben bis zu ihnen gelangt war.

Die Soldaten machten Front und begrüßten ehrfurchtsvoll den Feldherrn, der links und rechts freundlich seine Grüße nickte.

Ihr wäret es also zufrieden, wenn wir den Franzosen bald gegenüber ständen? fragte er die Soldaten, deren Gespräch er belauscht hatte.

Ja, wir wären's zufrieden, riefen sie, es sollt' ein Festtag für uns sein!

Nun, dazu kann bald Rath werden, sagte der Fürst lächelnd, indem er vorwärts ging.

Es lebe der Fürst von Hohenlohe! jubelten die Soldaten ihm nach.

Der Fürst schritt weiter, überall Grüße gebend und Grüße empfangend, überall Jubel verbreitend, wenn er versprach, daß es nun bald zur Schlacht kommen, daß man bald die Franzosen besiegen werde.

Jetzt blieb er vor den Grenadieren stehen, die sich in Reih und Glied vor ihm aufgestellt hatten.

Kinder, sagte er laut und freudig, die schwerste Arbeit werde ich für Euch aufsparen. Wenn es Noth thut, müßt Ihr mit dem Bajonnet drauf gehen, und ich weiß, Ihr werdet den Feind werfen, wo Ihr ihn trefft. Nicht wahr, Ihr thut das?

Ja, wir thun es, brüllten die Grenadiere, ja, wir thun's gewiß! Wenn's nur erst so weit wäre!

Es wird bald genug so weit kommen, rief der Fürst, und indem er die Reihen hinunter schritt, fragte er einen hochgewachsenen, breitschultrigen Grenadier: Nun, wie viel Franzosen nimmst Du denn auf Dich?

Fünf! sagte der Grenadier.

Und Du? fragte der Fürst einen andern Grenadier.

Drei! sagte dieser.

Ich thu's nicht unter sieben Franzosen, schrie ein Dritter.

Ich nicht unter zehn! jubelte ein Vierter.*)

Der Fürst lachte und schritt weiter durch das Lager hin.

Dann, als die Nacht hereingebrochen, ritt er mit seinem Stabe auf einen Hügel bei Kapellendorf, wo er sein Hauptquartier hatte.

Von dem Hügel aus überschaute er mit spähendem Blick die Gegend, wo der Feind stand, dessen Lager nur hier und dort von wenigen Lichtern und Feuern bezeichnet waren.

Wir werden morgen nichts zu thun haben, sagte der Fürst, sich an seine Officiere wendend. Wie es scheint, wird die französische Hauptarmee sich nach Leipzig und Naumburg wenden. Wir werden höchstens morgen kleine Scheingefechte haben, weiter nichts. Wir können also ruhig schlafen gehen und unsere Soldaten auch. Gute Nacht, meine Herren!

Und der Fürst ritt mit seinen Adjutanten hinunter nach Kapellendorf zu seinem Quartier, um zu Bett zu gehen und zu schlafen.

Eine Stunde später herrschte im preußischen Lager bei Jena eine tiefe Stille. Die Soldaten schliefen und auch ihr Feldherr schlief.

Und tiefe Stille herrschte auch im preußischen Lager zu Auerstädt; der König hatte noch spät am Abend einen Kriegsrath gehalten, und mit dem Herzog von Braunschweig, dem Feldmarschall von Möllendorf und den übrigen Generälen berathen, was die Armee am nächsten Tage zu thun habe. Das Resultat dieser Berathung war gewesen, daß für den morgenden Tag an eine Schlacht nicht zu denken sei, daß die Arme also ruhig vorwärts rücken, dem Feinde, der sich zurück zu ziehen scheine, nachgehen und ihn verhindern solle, über die Saale zu schreiten.

Damit war der Kriegsrath geendet, und der Herzog von Braun-

---

*) F. Förster: Neuere und neueste preußische Geschichte, I. 753.

schweig eilte in sein Quartier, um, gleich dem Fürsten von Hohenlohe, sein Lager zu suchen und zu schlafen.

Eine Stunde später herrschte auch im preußischen Lager bei Auerstädt eine tiefe Stille. Der Herzog von Braunschweig schlief, und die Soldaten schliefen auch.

Nur der König wachte.

Traurigen Herzens und trüben Angesichts ging er in seinem Zelt auf und ab. Er fühlte sich grenzenlos einsam und allein, denn seine Gemahlin war nicht mehr neben ihm. Sie hatte heute unter heißen Thränen den Bitten ihres Gemahls nachgegeben, das Hauptlager verlassen und sich nach Naumburg gewendet.

Der König hatte sie gebeten, zu gehen, aber sein Herz war schwer, und als er endlich spät in der Nacht sein Lager suchte, kam doch kein Schlaf in seine Augen.

Um dieselbe Zeit, während das preußische Herr und seine Feldherren schliefen, leuchtete unfern von den Schlafenden ein wunderbares Bild auf, und ein seltsamer Zug kam daher über die Haide, unfern von Jena.

Rings umher Stille, Dunkelheit und Nebel, und plötzlich theilten sich die Nebel, und man sah zwei Fackelträger mit ernsten Gesichtern, in ihrer Mitte auf einem weißen Roß einen Reiter in grünem Oberrock mit weißen Aufschlägen und auf dem Haupt ein kleines dreieckiges Hütchen. Der Fackelschein beleuchtete sein bleiches Angesicht, seine Augen flammten wie die eines Adlers, und schienen den Nebeln gebieten zu wollen, daß sie fielen, damit er schauen könnte, was sie ihm verbargen. Seitwärts von diesem Reiter tauchten, wenn die Fackeln höher aufflammten, zwei andere Reitergestalten in blitzenden Uniformen empor, aber ihre Augen suchten nicht den Nebel, sondern nur das Antlitz des stolzen Reiters neben ihnen zu ergründen, und auf ihm nur ruhten ihre Blicke, nur auf diesem bleichen Nachtgesicht, auf welchem dennoch die Sonne von Austerlitz strahlte.

Während die preußische Armee mit ihren Feldherren schlief, wachte Napoleon und ordnete in seinen Gedanken die kommende Schlacht. Der

Poſtmeiſter von Jena und der General Denzel waren ſeine Fackelträger; die Marſchälle Lannes und Soult ſeine Begleiter.

Der Kaiſer Napoleon prüfte in der Stille der Nacht das Terrain, wo er morgen den Preußen eine Schlacht abgewinnen wollte, wie er jüngſt den Oeſterreichern eine Schlacht abgewonnen hatte.

Oeſterreich hatte ſein Auſterlitz gehabt, — Preußen ſollte ſein Auerſtädt und Jena haben.

Napoleon hatte ſeinen Plan gemacht, — morgen war der Tag, wo er Rache nehmen wollte an dem König von Preußen für den Ver= trag von Potsdam und für das Bündniß mit Rußland.

Am Fuß des Berges von Jena angelangt, hielt der Kaiſer jetzt ſein Pferd an und ſtieg ab, um zu Fuß hinaufzugehen. Oben ange= langt, ſtand er lange ſchweigend da, die Fackelträger ſtanden ihm zur Seite, die beiden Marſchälle neben dieſen. Des Kaiſers Blick ſchweifte hinüber zu den Bergen und weilte beſonders lange auf den Höhen des Dornbergs, an dem er vorher vorübergeritten war.

Der Berg lag dunkel und ſtill da, ein einſamer, ſchlafender Rieſe.

Der Kaiſer hob den Arm empor und deutete auf den Dornberg hin. Die Preußen haben die Höhe verlaſſen, ſagte er, ſich mit einer langſamen Kopfbewegung zu dem Marſchall Lannes hinwendend, ver= muthlich ſcheuten ſie die kalte Nachtluft und ſind ins Thal gegangen, um zu ſchlafen. Sie meinen, wir werden ihnen Ruhe dazu gönnen. Aber ſie ſollen ſich ſchauderhaft getäuſcht haben, die alten Perrücken!*) Sobald die Nebel tiefer herabgeſunken ſind, laßt die Höhen des Dorn= bergs von den Scharfſchützen beſetzen, damit ſie den Preußen, wenn ſie wieder hinauf marſchiren wollen, ihren Morgengruß darbringen können! —

Er wandte wieder den Blick hinunter in das Thal; plötzlich flammten ſeine Augen höher auf und ſchienen mit ihrer Gluth und ihrem Feuer die Nacht und die Dunkelheit durchbohren zu wollen.

Was iſt dort unten im Thal? fragte er haſtig.

---

*) Napoleons eigene Worte. Ils se tromperont formidablement ces vieux perruques, waren die Worte.

Die Fackelträger senkten ihre Fackeln tiefer; der Kaiser und die Marschälle schauten prüfend hinab auf diesen langen, dunkeln Streifen, der sich da unten in der Mitte des Hohlweges hinzog, hier und da beleuchtet von einem gelben, matten Licht, das aus wandelnden Laternen zu leuchten schien.

Napoleon wandte sich mit einem zornflammenden Blick zu Lannes hin. Sein Antlitz war bleich, seine rechte Schulter zuckte, ein Zeichen seines höchsten Zornes. Es ist die Artillerie Deiner Division, sagte er. Sie hat sich im Hohlweg festgefahren. Wenn sie dort stecken bleibt, ist die morgende Schlacht verloren! Komm!

Und mit beflügelten Schritten eilte er den Berg hinunter, so un= aufhaltsam und eilig, daß die Fackelträger und die Marschälle ihm kaum zu folgen vermochten.

Wie eine Geistererscheinung, mit blitzenden Augen, mit zornigem, bleichem Angesicht tauchte seine Gestalt plötzlich aus der Dunkelheit vor den Kanonieren auf, welche sich vergeblich bemühten, die festge= fahrenen Stücke, die sich tief in den Sand gebohrt hatten, wieder in Bewegung zu setzen. Hinter ihnen war die ganze Reihe der Kanonen und Munitionswagen ins Stocken gerathen, von den vordern festge= fahrenen Kanonen aufgehalten, drängten sie, das Hinderniß nicht ahnend, vorwärts; eine unbeschreibliche Verwirrung, ein allgemeines Festsitzen mußte eintreten, wenn nicht schnelle und energische Hülfe kam.

Aber die Hülfe kam, denn Napoleon war da.

Mit lauter Stimme rief er nach dem General-Commandanten der Artillerie; drei Mal wiederholte er den Ruf, jedes Mal war seine Stimme drohender und sein Antlitz bleicher.

Aber der Gerufene erschien nicht. Der Kaiser sagte kein Wort, nur seine rechte Schulter zuckte und seine Augen sprühten Flammen.

Mit lautem Commandowort rief er sämmtliche Kanoniere zu sich und befahl ihnen, ihre Werkzeuge zu nehmen und die Stangenlaternen anzuzünden.

Die erste angezündete Stangenlaterne nahm der Kaiser selbst in die Hand.

Jetzt die Hacken und die Schaufeln genommen, befahl er. Wir

müssen den Hohlweg breiter ausgraben, damit die Kanonen wieder flott werden.

Es war eine schwere und anstrengende Arbeit. Den Kanonieren rann der Schweiß in dicken Tropfen über die Stirn und ihr Athem ging keuchend aus ihrer Brust hervor. Aber sie arbeiteten muthig und unverzagt, denn der Kaiser stand neben ihnen mit der Laterne in der Hand und er leuchtete ihnen zu ihrem schwierigen Werk.

Zuweilen hielten die Kanoniere inne und lehnten sich auf ihre Schaufeln, aber nicht um zu ruhen, sondern mit staunenden Blicken dieses wunderbare Bild anzuschauen, diesen Mann mit dem bleichen Marmorangesicht und den funkelnden Augen, diesen Kaiser, der sich in einen Artillerie-Officier verwandelt hatte und mit der Laterne in der Hand seinen Kanonieren leuchtete.*)

Erst als die Wagen und Kanonen, Dank der rüstigen Arbeit der Kanoniere, sich wieder in Bewegung gesetzt hatten, verließ der Kaiser den Hohlweg und kehrte in sein Bivouac zurück. Hastig und gedankenvoll nahm er sein Abendmahl ein, dann berief er alle seine Generäle und ertheilte ihnen klar und ruhig wie immer seine Befehle zur morgenden Schlacht.

Und jetzt wollen wir schlafen, damit wir morgen um vier Uhr Alle wach sind! sagte der Kaiser, indem er mit einem freundlichen Lächeln seine Generäle verabschiedete.

Wenige Minuten später herrschte rings umher tiefe Stille; der Kaiser lag auf seinem Strohlager und schlief; Roustan saß in einiger Entfernung und seine dunkeln Augen ruhten auf seinem Herrn mit dem Ausdruck eines treuen wachsamen Bernhardinerhundes. Die Flammen des Nachtfeuers hüllten, wenn sie höher aufflackerten, die ganze Gestalt des Kaisers wie in eine Glorie ein und wenn sie wieder zusammensanken, fielen die Schatten der Nacht wieder über dieselbe hin. — Vier Schildwachen gingen in gleichmäßigem ruhigem Tact neben dem Bivouac des Kaisers auf und ab.

---

*) Mémoires du Duc de Rovigo. II. 278.

Der Morgen dämmerte herauf; der Morgen des vierzehnten Oktober 1806.

Die Preußen lagen noch immer in ihren Lagerzelten und schliefen. — Aber die Franzosen wachten, und an ihrer Spitze der Kaiser!

Um vier Uhr standen, wie Napoleon es befohlen, die zum ersten Angriff bestimmten Divisionen unter den Waffen.

Der Kaiser auf seinem Schimmel sprengte heran; ein ungeheurer Jubel empfing ihn.

Es lebe unser kleiner Corporal! Es lebe der Kaiser! tönte es jauchzend vieltausendstimmig ihm entgegen.

Der Kaiser lüftete ein wenig seinen Hut und dankte den Soldaten mit einem Lächeln, das wie ein warmer Sonnenstrahl in alle Herzen schien. Dann winkte er ihnen mit erhobener Rechten zu schweigen, und durch die Stille des Herbstmorgens ertönte jetzt seine volle mächtige Stimme.

Soldaten, rief er mit seinem kurzen, gebieterischen Herrscherton, Soldaten, die preußische Armee ist abgeschnitten, wie die des Generals Mack zu Ulm vor einem Jahre. Diese Armee kämpft nur noch, um sich durchzuschlagen, und ihre Verbindungen wieder zu gewinnen. Das Corps, welches sich durchbrechen läßt, entehrt sich. Fürchtet diese berühmte Cavallerie nicht; setzt ihr geschlossene Vierecke und das Bajonet entgegen!

Es lebe der Kaiser! Es lebe der kleine Corporal! tönte es jubelnd wieder von allen Seiten. Der Kaiser nickte lächelnd und sprengte weiter, um hier und dort seine Befehle zu ertheilen und die Soldaten anzureden.

Es war sechs Uhr Morgens; die Preußen schliefen noch immer! Aber jetzt donnerten die ersten Kanonenschüsse; sie weckten die schlafenden Preußen.

———

IX.

Der deutsche Philosoph.

Tiefe Stille herrschte in dem kleinen Stübchen; Bücher lagen und standen rings umher in den Schränken an der Wand, auf den Tischen und an der Erde, und machten fast den einzigen Schmuck dieses Zimmers aus, in dem sich nur wenige und ganz auf den Bedarf beschränkte Meubles befanden.

Es war das Zimmer eines deutschen Gelehrten, eines Professors der weitberühmten Universität Jena.

Er saß da drüben vor dem großen eichenen Tisch und war mit Schreiben beschäftigt. Seine mittelgroße Gestalt war eingehüllt in einen weiten Schlafrock von grünem Seidenzeug, verbrämt mit schwarzem Pelzwerk, das hier und da einige defecte und abgenutzte Stellen zeigte. Ueber seiner hohen gedankenreichen Stirn, welche nur von wenigem hellbraunem Haar beschattet war, saß ein kleines grünes Sammet-käppchen, in seiner Form an die Mütze des gelehrten Melanchton er-innernd.

Vor ihm auf dem Tisch lagen eine Menge engbeschriebener Blätter, und auf diesen ruhte das Auge des Gelehrten, des Philosophen.

Dieser Gelehrte in dem einsamen Stübchen, dieser Philosoph war Georg Friedrich Wilhelm Hegel.

Seit zwei Tagen hatte er sein Zimmer nicht verlassen, seit zwei Tagen hatte Niemand zu ihm eintreten dürfen, als die alte Aufwärterin, die ihm schweigend und leise den Tisch deckte, und ihm das aus der nahen Garküche geholte Mahl hinsetzte.

Allem Aeußerlichen und Irdischen abgewandt, hatte der Philosoph gearbeitet und gedacht, und nichts gehört als die Stimmen der Geister, die aus seinem eigenen Geist zu ihm sprachen. Draußen war die Weltgeschichte mit ehernem Schritt über das Schlachtfeld gegangen, und hatte ihre Thaten vollbracht, hier drinnen in dem Zimmer des Philosophen hatte der Weltgeist seine große Idee enthüllt und vollführt.

Am vierzehnten Oktober und in der Nacht vom vierzehnten auf den funfzehnten Oktober vollendete Hegel seine Phänomenologie des Geistes, ein Werk, durch das er den kühnen Bau der philosophischen Idee vorbereiten wollte, in welchem er seinen ersten Gang durch die Catacomben des construirenden Geistes mit hallenden Prophetenschritten zurückgelegt.

Für ihn ruhte alle Macht und alle Kraft der Wirklichkeit nur in dieser Idee, die er in dem Schweiß seiner hohen Denkerstirn zu begründen strebte, — über der Idee hatte er die Wirklichkeit vergessen.

Jetzt hatte er sein Werk vollendet, jetzt hatte er das letzte Wort geschrieben; die Feder entsank seinen Händen, die sich auf sein Manuscript, wie zum stillen Segnen, ausbreiteten.

Sein Haupt, welches bis jetzt geneigt gewesen, richtete sich empor, und seine blauen Augen voll Milde und Tiefe wandten sich zum Himmel mit einem stummen Gebet um Gedeihen für sein Werk. Sein schönes aber geistvolles Antlitz leuchtete von Energie und Entschlossenheit; der Philosoph war sich des Kampfes bewußt, den sein Werk in dem Reich der Geister hervorrufen würde, aber er fühlte sich gewappnet und bereit, diesen Kampf zu bestehen.

Das Werk ist vollbracht, rief er laut und freudig, möge es jetzt hinausgehen in die Welt!

Er schlug hastig sein Manuscript zusammen und machte ein Packet daraus, das er versiegelte und adressirte.

Dann sah er nach der Uhr.

Acht Uhr, murmelte er leise, wenn ich mich eile, kann die Post heute noch mein Manuscript mitnehmen.

Er warf seinen Schlafrock ab und kleidete sich an. Dann nahm er sein Manuscript und seinen Hut, und eilte hinunter auf die Straße, der Post zu. Sein nach innen gekehrter Blick sah weder die ungewöhnliche Bewegung auf der Straße, noch die traurigen Gesichter der Vorübergehenden, er dachte nur an sein Werk, nicht an die Wirklichkeit.

Jetzt trat er in die Post ein, alle Thüren waren offen, alle

Menschen standen plaudernd umher, Niemand saß hinter dem Bureau um zu arbeiten, und die Briefe in Empfang zu nehmen.

Hegel mußte daher zu dem Postmeister, der ihn gar nicht bemerkt hatte, sondern sich laut und angelegentlich mit einigen Herren unterhielt, hingehen.

Hier ein Packet für die Post nach Bamberg, sagte der Philosoph, dem Postmeister sein Packet darreichend. Die Post ist doch noch nicht abgegangen?

Der Postmeister starrte ihn verwundert an. Nein, sagte er, sie ist noch nicht abgegangen, und sie wird auch nicht abgehen.

Jetzt war es an dem Philosophen, sich zu verwundern.

Sie wird nicht abgehen? fragte er. Weshalb denn nicht?

Es ist unmöglich in der allgemeinen Verwirrung und Aufregung. Es sind keine Pferde und keine Menschen da. Das Entsetzen und die Angst ist grenzenlos.

Was ist denn geschehen? fragte der Philosoph leise.

Wie? Sie wissen also nichts von diesen ungeheuerlichen Dingen, Herr Professor? rief der Postmeister entsetzt.

Nichts weiß ich, sagte der Philosoph schüchtern, und fast beschämt.

Sie haben vielleicht auch den Donner der Kanonen gar nicht in Ihrem Studirzimmer gehört?

Ich habe wohl zuweilen ein dumpfes und anhaltendes Geräusch gehört, aber ich gestehe, daß ich nicht weiter darüber nachgedacht habe. Was hat es denn gegeben?

Eine Schlacht hat es gegeben, rief der Postmeister, und wenn ich sage, Eine Schlacht, so meine ich eigentlich zwei Schlachten; die eine ist bei Jena, die andere bei Auerstädt geschlagen, aber bei Jena haben sie nichts geahnt von der Schlacht bei Auerstädt, und dort drüben haben sie ebenso wenig, wie der Herr Professor, die Kanonen von Jena gehört.

Und wer hat die Schlacht gewonnen? fragte Hegel theilnahmsvoll.

Wer anders als der Weltenbezwinger, der Kaiser Napoleon! rief der Postmeister. Die Preußen sind geschlagen, ruinirt, auseinander gesprengt; in tollster Flucht rennen sie auf der Landstraße umher, und wenn sie zwei Franzosen daher sprengen sehen, werfen hunderte von Preußen ihre Waffen fort und flehen um Pardon. Die ganze preußische Armee ist auseinandergeplatzt, wie eine Seifenblase. Der König war immer mitten im Gefecht, er wollte den Tod suchen, da er sah, daß Alles verloren war; aber der Tod wollte ihn nicht finden. Zwei Pferde sind ihm unter dem Leib erschossen worden, aber ihn hat keine Kugel und kein Hieb getroffen. Jetzt ist er auf der Flucht, aber die Franzosen sind hinter ihm her. Gott gebe, daß er ihnen entgeht! Der Oberfeldherr, der Herzog von Braunschweig, ist tödtlich verwundet; beide Augen sind ihm ausgeschossen. Oh, es ist ein entsetzliches Mißgeschick! Preußen ist verloren und Weimar auch, denn der Kaiser Napoleon wird's unserm Herzog nimmer vergeben, daß er, statt sich dem Rheinbund anzuschließen, sich zu Preußen gehalten, und gegen Frankreich gekämpft hat. Unser armes Land wird es entgelten müssen.

Hegel hatte dem gesprächigen Mann mit trüben Blicken zugehört, und seine Züge waren immer düsterer und ernster geworden. Er fühlte sich wie von einem Schwindel erfaßt, es lag wie eine Centnerlast auf seiner Brust. Er grüßte den Postmeister mit einem Nicken seines Hauptes und ging wieder hinaus auf die Straße.

Aber seine Kniee zitterten unter ihm; die ungeheure Größe der Begebenheiten hatte sein ganzes Wesen erschüttert. Langsam wankte er die Straße hinunter.

Auf einmal flammte und blitzte es da am untern Ende der Straße auf. Trommeln wirbelten, Hurrah's ertönten. Ein glänzender Reiterzug kam daher.

Voran auf einem Schimmel mit wallenden Mähnen und fliegenden Nüstern, ritt der Mann des Jahrhunderts, der Mann mit dem ehernen Imperator-Angesicht, der Julius Cäsar der Neuzeit.

Ein kühnes Feuer blitzte aus seinen Augen, ein triumphirendes Lächeln umschwebte seine Lippen. Es war der Triumphator, welcher seinen Einzug hielt in die eroberte Stadt.

Der Gelehrte gedachte der alten Zeiten Rom's, und wie eine lebendig gewordene Antike erschien ihm das Antlitz des Cäsaren.

Das blitzende Auge Napoleons heftete sich jetzt auf den Philoſophen, und er fühlte den Blick ſeines Auges bis in das Innerſte ſeines Herzens.*)

Von unwillkürlicher Ehrfurcht ergriffen nahm Hegel ſeinen Hut ab, und verneigte ſich tief.

Der Kaiſer berührte lächelnd ſeinen Hut und dankte, dann ſprengte er vorüber, der glänzende Zug der Marſchälle und Generäle hinter ihm her.

Der deutſche Philoſoph ſtand wie an den Boden gefeſſelt, und ſchaute ihm nach, ſinnend, heiligen Ernſtes voll.

Er ſelber, der Napoleon der Idee, mußte ſeine Schlachten noch gewinnen im gelehrten Deutſchland.

Der Kaiſer, der Napoleon der That, hatte ſeine Schlachten ſchon gewonnen, und Deutſchland lag ihm zu Füßen. Das überwundene, zerſchmetterte Deutſchland ſchien in den Schlachten von Jena und Auerſtädt ſeinen letzten Todeskampf ausgerungen zu haben.

---

*) Die Erzählung dieſes Begegnens mit Kaiſer Napoleon hat die Verfaſſerin im Jahre 1829 aus dem Munde des berühmten Philoſophen ſelber gehört. Mit einfachen, ſchlichten und doch tief ergreifenden Worten ſchilderte er den tiefen, bewältigenden Eindruck, den die Erſcheinung des großen Napoleons auf ihn gemacht habe, und nannte dieſes Begegnen mit Napoleon einen der größten Momente ſeines Lebens. Die Verfaſſerin, damals ein halberwachſenes Mädchen, hörte an der Seite ihres Vaters in athemloſer Spannung der Erzählung zu, welche gerade durch ihre einfache Darſtellung ſo mächtig wirkte, und hingeriſſen von ihrem Gefühl, ſtürzten die Thränen ihr aus den Augen. Der Philoſoph legte lächelnd ſeine Hand auf ihre Stirn. „Die Jugend weint mit dem Herzen, ſagte er, aber wir Männer weinten damals mit dem Kopf."

Die Verfaſſerin.